William Penn

Kurze Nachricht von der Entstehung der christlichen Gesellschaft

Der Freunde, die man Quäker nennt

William Penn

Kurze Nachricht von der Entstehung der christlichen Gesellschaft
Der Freunde, die man Quäker nennt

ISBN/EAN: 9783743301573

Hergestellt in Europa, USA, Kanada, Australien, Japan

Cover: Foto ©Thomas Meinert / pixelio.de

Manufactured and distributed by brebook publishing software (www.brebook.com)

William Penn

Kurze Nachricht von der Entstehung der christlichen Gesellschaft

Wilhelm Penn's
kurze Nachricht

von der Entstehung und dem Fortgang der
christlichen Gesellschaft

der

Freunde

die man Quäker nennt;

worin
1. ihr Hauptgrundsatz, 4. ihr Kirchendienst,
2. ihre Lehre, 5. ihre Zucht und
3. ihr Gottesdienst, 6. ihre Verfahrungsart
genau beschrieben ist.

Aus dem Englischen übersezt, und mit
Anmerkungen versehen,

von

Ludwig Seebohm.

Pyrmont,
beim Uebersezzer, und in der Hahnschen
Buchhandlung in Hannover.
1792.

Vorerinnerung.

Unter allen mir vorgekommenen Schriften der Freunde, kenne ich keine, die eine in so gedrängter Kürze vorgetragene und doch so vortreflich entwikkelte Beschreibung ihrer Grundsäzze und ihres ganzen Karakters enthielte, als man in dieser kleinen Schrift findet. Nur hat sich der Verfasser, — seinem Zwek gemäs, und vermuhtlich auch der Kürze wegen — eingeschränkt, in der Erklärung ihrer Grundsäzze blos das zu sagen, was sie lehren und bekennen, ohne einige andere Stükke, worin sie iedoch von allen andern Religionsbekennern unterschieden sind, weiter zu berühren.

Damit nun der Leser hier einen desto völligern Abris von dieser christlichen Gesellschaft finden mögte; so habe ich das, was mir zu diesem Zwek noch nöthig zu seyn schien, in einigen Anmerkungen beizufügen, und also das Werk noch mehr zu ergänzen, auch ein und anderes näher zu erklären gesucht.

Ueberzeugt, daß von der herrschenden Macht des Vorurteils, worunter der größte Teil des Menschengeschlechts gefesselt liegt, nichts anders zu erwarten ist, als daß diese kleine Schrift von den mehrsten nicht ohne vorgefaßte widrige Meinung wird gelesen werden, halt' ich es für dienlich, den Leser zuvor an iene heilsame Ermahnung des Apostels Paulus zu erinnern:

"Prüfet alles, und das Beste behaltet."

Wie wenige Menschen tuhn dies? — In den Vorurteilen der Väter erzogen und aufgewachsen, ist man — besonders in Religion betreffenden Sachen — nur zu sehr gewohnt, alles, was von Seiten der eigenen Gemeinschaft kommt, ohne weitere Untersuchung für geltend anzunehmen, alles andere aber, wenn es auch noch so wichtig und nöhtig ist, ungeprüft für entschieden falsch zu halten, und als ausgemachte Irrtümer zu verwerfen. Aber hat man denn seine eigenen Grundsäzze schon genau geprüft? — Dies ist eine Frage, die wol von den wenigsten aufrichtig mit ia dürfte beantwortet werden.

Mögte man anfangen, eben so mistrau:
isch gegen die Grundsäzze seiner eigenen Gemein:
schaft zu werden, so lange man sie noch nicht
hinlänglich geprüft und bewährt erfunden hätte,
als man gegen die der andern ist, die man keiner
Prüfung würdigt; mögte man in einer so wichti:
gen Sache als die Religion ist, ohne innere Ue:
berzeugung des Geistes nichts annehmen und be:
folgen; so wäre Hofnung da, daß viele mit der
Zeit den sandigen Grund ihres eigenen Gebäudes
entdekken, und einsehen mögten, daß sie eigentlich
gar keine eigene durch lebendige Ueberzeugung er:
langte, sondern eine fremde, angeerbte, oder in
der Erziehung angenommene Religion haben. —
Aber nein! Selbstprüfen scheint ein zu schweres
Werk zu seyn. Man will es lieber mit dem All:
gemeinen halten; als wenn Irrtümer, so bald sie
allgemein sind, nicht mehr gefährlich wären.
Lieber will man seine Sele Menschen anvertrauen,
als diese Mühe übernehmen. — Wie würde man
sonst, durch leblose Zeremonien aneinander gekettet,
so in einem Trabe dahin eilen können!

Willst du, mein Leser, genau und richtig prüfen, so verlaß dich nicht auf das Urteil deiner bloßen Vernunft, die, nicht vom Licht Christi erleuchtet, eben das ist, was der Mond ohne die Sonne seyn würde. Auch suche nicht in Büchern, vielweniger noch durch Menschen gewis zu werden; dies alles ist nur Zeitverlust. Fragst du nach dem guten alten Wege, suchst du die Wahrheit selbst zu erkennen, so geh' in dein Herz, da findest du den Zeugen Gottes, dessen Zeugnis untrüglich ist. Frag' ihn in der Stille, glaube und folge seiner Ueberzeugung; "dann behälst du sicher das Beste," und wirst bald so weit kommen, daß du das Werk Gottes von dem der Menschen unterscheiden kanst.

Der Uebersezzer.

Ein Brief an den Leser.

Diese folgende Nachricht ꝛc. ward mit Empfindungen der Furcht und Liebe Gottes geschrieben. Erstlich: zu einem beständigen Zeugnis für die gesegnete innere Wahrheit, womit Gott meine Sele schon in meiner Jugend besuchte, und mir ein solches Gefühl und eine solche Liebe für sie einflößte, das ich zu dem ungewöhnlichen Entschluß bewogen ward, die Ehren und Vorteile dieser Welt dafür zu verlassen. Zweytens: zum Zeugnis für das von der Welt verachtete Volk, das Gott in großer Barmherzigkeit durch seinen heiligen Geist gesammlet, vereinigt, und zum aufrichtigen Bekenntnis seiner Wahrheit gebracht hat, dessen Gemeinschaft ich aller weltlichen Größe vorziehe. Drittens: zum Andenken meiner Liebe und Hochachtung für den würdigen Knecht Gottes, Georg Fox, der das erste Werkzeug zu diesem großen Werk war, und daher auch von mir der große und gesegnete Apostel unserer Zeiten genannt wird.

Da dies die Beweggründe waren, welche die erste Herausgabe dieses kleinen Werks, — das zuerst als Vorrede zu Georg Foxens fürtreflichem Tagebuch gedrukt ward, — veranlaßten;

so hat mich die fernere Betrachtung der Nuzbarkeit dieser Nachricht von den Freunden, (in Ansehung der ungerechten Beschuldigungen von einigen, die einst unter ihrem Namen bekant waren,) und der am Ende befindlichen Ermahnungen, bewogen, zu einer neuen Auflage in kleinerm Bande meine Einwilligung zu geben; indem mir sehr wohl bekant ist, daß große Bücher, besonders heutiges Tages, sowol für die Taschen als auch für die Gemühter der mehrsten Leser beschwerlich sind, und es doch nicht wenige giebt, die von diesem Volk, dem so sehr und überall widersprochen wird, gern mit geringer Mühe und wenigen Kosten einige Nachricht haben mögten. — Allein, gelobet sei der Gott und Vater unsers Herrn Jesu Christi, daß diese gegen sie ausgesprengten Verleumbungen nicht besser gegründet sind, als jene, die vorzeiten von den ersten Christen verbreitet wurden; welches, wie ich hoffe, einem jeden unbefangenen und ernsthaften Leser bald einleuchten wird: denn nach aller üblen Begegnung die wir angetroffen haben, ist dennoch unser Hauptgeschäft nichts anders, als wirkliche Ausübung der wahren Religion, — eine wesentliche Veränderung, vor unserer lezten und großen Veränderung. Es ist unser größtes Verlangen, daß alle Menschen durch die Ueberzeugungen und Wirkungen des Lichts und Geistes Christi in ihnen,

zu einer innern überzeugenden Erfahrungserkent:
nis Gottes gelangen mögen. Wir bestreben uns
zu zeigen, daß dieses gesegnete Mittel allen Men=
schen verliehen sei, und das also alle dadurch zu
der seligmachenden Erkentnis des allein wahren
Gottes und seines Sohnes Jesu Christi, — den
er zur Erleuchtung und Erlösung der Welt ge=
sandt hat, — gelangen können. Diese Erkentnis
ist in der Taht ewiges Leben, und daß du, Leser,
sie erlangen mögest, ist das ernstliche Verlangen

deines wahren Freundes
W. Penn.

Kurze Nachricht

von der Entstehung und dem Fortgang
der Freunde ꝛc.

Erster Abschnitt.

Eine kurze Nachricht von den verschiedenen
Gnadenausteilungen Gottes an die Menschen,
bis auf die Zeit, da es ihm gefiel, dieses von
der Welt verachtete Volk zu erwekken.

Seit Erschaffung der Welt sind die Austeilungen
Gottes an die Menschen sehr verschieden gewesen,
aber der große Endzweck derselben war allezeit die
Verherrlichung seines großen Namens, in der Erschaffung und Wiederherstellung des Menschen, der
sein Ebenbild, gleich einem Gott auf Erden, und
die Ehre aller seiner Werke war.

   Die Welt nahm ihren Anfang in Unschuld;
alles war damals gut was der gute Gott gemacht
hatte, und so wie er die Werke seiner Hände seg=
nete, so verherrlichten auch ihre Eigenschaften und
Uebereinstimmungen ihn, ihren Schöpfer. Da
sangen die Morgensterne mit einander für Freuden, und alle verschiedene Teile seiner Werke

sagten Amen zu seinem Gesez. Nicht ein Misklang war in der ganzen Einrichtung; sondern der Mensch im Paradiese, die Tiere auf dem Felde, die Vögel in der Luft, die Fische im Meer, die Lichter am Himmel, die Früchte der Erde — ja Luft und Erde, Wasser und Feuer verehrten, preiseten, und erhoben seine Macht, Weisheit, und Güte. — O heiliger Sabbat, — O heiliger Tag des Herrn! — —

Allein dieser glückliche Zustand währete nicht lange; denn da der Mensch, die Krone und Ehre des Ganzen, versucht ward, über seinen Stand hinaus zu trachten, willigte er unglüklicher Weise ein, vergaß Gebot und Pflicht, Gewinn und Glückseligkeit, und so fiel er aus seinem glücklichen Stande, in tiefes Elend. Da verlor er das göttliche Ebenbild, die anerschaff'ne Weisheit, Kraft und Reinheit; und nun nicht länger für das Paradies tüchtig, ward er aus diesem Garten Gottes, seiner eigentlichen Wohnung und Residenz, verstoßen, und als ein armer Flüchtling von der Gegenwart des Herrn hinausgetrieben, um auf der Erde, der Wohnung der Tiere, zu wandern.

Jedoch hatte Gott, sein Schöpfer, Mitleid mit ihm; denn weil er sahe, daß der Mensch betrogen war, und sein Fehler nicht aus Bosheit oder aus einer ursprünglichen Vermessenheit in ihm herrührte, sondern daß sein Fall vielmehr durch die Arglist der selbst zuerst aus ihrem eigenen Stande gefallenen Schlange, und durch Vermittelung des Weibes entstanden sei, indem jene das Weib, als des Menschen eigene Natur und Gehülfin, zuerst verführt hatte; so erfand er in seiner unendlichen Liebe und Weisheit ein Mittel, um das Uebel wieder zu heilen, den Verlust zu ersezzen, und den gefallenen Menschen wieder herzustellen; und zwar durch einen neuen edlern und vollkommnern Adam, den er verhieß, daß er von einem Weibe sollte geboren werden; damit, wie durch ein Weib der böse Geist über den Menschen geherrscht hatte, also auch durch ein Weib derjenige in die Welt kommen sollte, der die Schlange überwinden, ihr den Kopf zertreten, und den Menschen aus ihrer Gewalt erlösen würde: welches denn auch in der Fülle der Zeit, auf eine merkwürdige Weise durch die Sendung und Menschwerdung des Sohnes Gottes, persönlich und völlig, in ihm und durch ihn als den Erlöser und Seligmacher der Menschen erfüllet ist.

Die Kraft der Offenbarung des Sohnes Gottes war aber nicht bles auf diese Zeit eingeschränkt; denn er war sowol vor als nach seiner Menschwerdung, zu allen Zeiten, das Licht und

Leben, der Fels und die Stärke aller derer, die ie Gott gefürchtet haben. [1] Er war es, der sie in ihren Versuchungen unterstüzte, auf ihren Reisen begleitete, in ihren Bekümmernissen tröstete, und ihnen die vielen Schwierigkeiten, die ihnen auf ihrer irdischen Wanderschaft begegneten, übersteigen half. Es kam durch ihn, daß Abels Herz besser war als Kains; daß Seth den Vorzug erhielt, und Enoch mit Gott wandelte. Dieses Licht war es, das die Menschen vor der Sündfluht erleuchten wolte, und dem sie widerstrebten, wodurch aber Noa erleuchtet und geheiligt ward.

Die äußern Mittel, deren sich Gott in dem verwilderten Zustande des Menschen nach dem Fall, besonders gegen die Erzväter bediente, waren gemeiniglich Engel; wie die Schriften des alten Testaments in vielen Stellen, z. B. von Abraham, Jacob, u. a. m. deutlich beweisen. Drauf folgte das mosaische Gesez, das gleichfalls durch Engel gegeben ward, wie der Apostel uns meldet. Die

---

[1] Er ist ebenderselbe, gestern, heute, und in Ewigkeit. Ebr. 13, 8.

Er ist das Lamm, das von Grundlegung der Welt her geschlachtet ist. Offenb. Joh. 5, 12. Kap. 13, 8. Ferner, das Wort das im Anfang war, in ihm war Leben, und das Leben war das Licht der Menschen; Joh. 1, 1, 4. und der geistliche Fels woraus die Väter in der Wüste den geistlichen Trank schöpften. 1 Cor. 10, 4.

Einsezzung dieses Gesezzes bezog sich hauptsächlich aufs Aeußere, und war dem damaligen niedrigen und knechtischen Zustande angemessen; daher schreibt ihm auch der Apostel das Geschäft eines Kinderführers zu, welches darin bestand, daß es die Zukunft des Meßias anzeigen und die Herzen des Volks bereiten solte, nach Ihm auszusehen und zu verlangen, der sie von dem knechtischen Joch und von den Zeremonien dieses unvollkommenen Gesezzes befreien solte, indem er sie innerlich mit dem Wesen der Dinge selbst bekannt machen würde, wovon alle diese geheimnisvolle Vorstellungen nur Figuren und Sinnbilder waren.

Zu der Zeit war das Gesetz auf steinerne Tafeln geschrieben; der Tempel war mit Händen gemacht, mit einem äußern Priestertum und mit äußern Zeremonien und Gebräuchen versehen, die nur Schatten von den künftigen guten Dingen waren, Bilder, die nur so lange dienen solten, bis das Wesen selbst käme, nämlich der verheißene Same, (oder die herrlichere und allgemeinere Offenbarung Christi,) in dem allein alle Verheissungen Ja und Amen wären, und der, durch seinen Tod uns das Leben, Unsterblichkeit und eine ewige Glükseligkeit, erwerben würde.

Dies sahen die Propheten voraus, und trösteten die gläubigen Juden mit der Gewisheit das von; und dies war die höchste Stuffe des mosaischen Gesezzes, das mit dem Anfang des Dienstes Johannis sein Ende nahm, so wie das Amt dieses Vorläuffers Christi, in Ihm, der die Erfüllung aller Prophezeiungen ist, aufhörte. — Da redete Gott, der bisher vielfältig und auf verschiedene Weise, zu den Vätern durch seine Knechte, die Propheten, geredet hatte, zu den Menschen durch seinen Sohn Jesum Christum, den Erben aller Dinge. Dies war ein Tag der frölichen Botschaft, an dem uns das Evangelium durch den Sohn überliefert ward, der ein näheres Testament und eine bessere Hoffnung herbei brachte, nämlich, den Anfang der Herrlichkeit der lezten Tage, die Wiederbringung aller Dinge, ia! die Wiederherstellung des Königreichs Israel.

Nun ward der Geist, — der in vorigen Zeiten nur sparsam war ausgeteilt worden, — auf alles Fleisch ausgegossen, wie es der Prophet Joel vorhergesagt hatte; und das Licht, das bisher einen nur sehr schwachen Schein gegeben hatte, und gleichsam in Finsternis eingehüllet gewesen war, vertrieb nun durch die unendliche Güte Gottes diese Finsterniß, der Morgenstern fieng an in den Herzen der wahren Gläubigen aufzugehen, und gab ihnen die Erleuchtung der Erkenntnis der Herrlichkeit Gottes in dem Angesicht, (oder in der Erscheinung) Jesu Christi.

Die Armen am Geist, die Sanftmühtigen, die Leidtragenden, die nach Gerechtigkeit Hungernden und Durstenden, die Friedemacher, die Reinen im Herzen, die Barmherzigen und die Verfolgten, diese kamen nun ins besondere ins Gedächtnis vor dem Herrn, wurden hervor gesucht, und von Israels wahrem Hirten selig gepriesen. Das alte Jerusalem muste mit ihren Kindern dem neuen Jerusalem, der Mutter der Kinder des evangelischen Lichts, Plaz machen. Darum will auch Gott nun nicht mehr in dem alten Jerusalem, noch auf dem Berge Samaria, lieber als an andern Orten angebetet werden; denn sein eigener Sohn ist gekommen und hat von ihm verkündigt und geprediget: Daß er ein Geist ist, und verlangt, als ein Solcher erkannt und im Geist und in der Wahrheit angebetet zu werden. Er will sich nun näher als vorzeiten vernehmen lassen; denn er will nach seiner Verheissung "sein "Gesez in unsere Herzen schreiben, und seine "Furcht und seinen Geist in uns geben."

Demnach verschwanden die Schatten, Zeichen und Vorbilder; da der anbrechende Tag ihre Unzulänglichkeit entdekt, und gezeigt hatte, daß sie das Gewissen nicht reinigen konten, weil sie das Inwendige des Bechers nicht erreichten, und so wurden alle Zeremonien und äusere Gebräuche in ihm, der das Wesen selbst war, geendigt.

Diesen großen und gesegneten Endzwek Gottes in der Sendung seines Sohnes, haben die Apostel bezeuget, die er durch seinen Geist bereitet und erwählt hatte, die Juden von ihren Vorurteilen und vom Aberglauben, und die Heiden von ihren Eitelkeiten und vom Gözzendienst, zu dem Geist und in ihre Herzen scheinende Licht Christi, hinzuzukehren; damit sie aus dem tobten Zustande, worin sie durch ihre Sünden und Uebertretungen versunken waren, mögten lebendig gemacht werden, um dem lebendigen Gott im neuen Leben des Geistes zu dienen, und als Kinder des Lichts und des Tages — nemlich des Tages der Heiligung — zu wandeln: denn solche "ziehen "den Herrn Jesum Christum an," der das Licht der Welt ist, "und machen keine Vorsorge mehr "fürs Fleisch, um die Begierden desselben zu er= "füllen."

Also war das Licht, der Geist, oder die Gnade die durch Jesum Christum kommt und im Menschen erscheinet, eben das göttliche Prinzipium, wodurch die Apostel predigten, wozu sie die Herzen der Menschen anwiesen, und worin sie zu ihrer Zeit die Gemeinen Christi versammleten und erbaueten. Darum ermahneten sie auch die

Gläubigen, daß sie den Geist nicht dämpfen sondern auf den Geist warten, durch den Geist reden, im Geist beten, und darin wandeln sollten, als wodurch sie sich allein als wahre Kinder Gottes beweisen würden, die nicht "aus Fleisch und "Blut oder aus dem Willen des Menschen, son= "dern aus dem Willen Gottes gezeuget sind," indem sie seinen Willen tuhn, und ihren eigenen Willen verleugnen, den Becher Christi trinken, und mit seiner Tauffe der Selbstverleugnung getauft werden, welches der einzige Weg zur wahren Glückseligkeit ist, den iederzeit die Erben des ewigen Lebens betreten haben.

Aber ach! schon in den Tagen der Apostel, jener glänzenden Sterne der ersten Herrlichkeit des evangelischen Lichts, erschienen einige Wolken, welche die Verdunkelung dieser ersten Herrlichkeit ankündigten. Daher gaben verschiedene den damaligen Christen die frühe Warnung: daß der Abfall von der Kraft der Gottseligkeit und Reinheit des geistlichen Lebens bereits anfienge herein zu brechen, und unter denen, die fleischlichen Schein und irrdische Größe suchten, und bei denen das Aergernis des Kreuzes aufhörte, immer mehr und mehr herein brechen würde; iedoch beschlossen sie mit der tröstlichen Ankündigung: daß sie weiter hin einen noch viel herrlichern Zustand der wahren Kirche erblikten, als ie zuvor gewesen wäre.

Ihre Voraussicht war gegründet, und was sie den Gemeinen Christi, — die sie in dem Namen und in der Kraft Jesu versammlet hatten, — vorhersagten, traf ein. Das Christentum verfiel von Tage zu Tage und gerieth immer mehr ins Aeußere, nämlich: in Beobachtung der Festtage, der Speisen, und verschiedener andern äußern Zeremonien. Dabei war aber noch das Aergste, daß sie anfiengen mit einander darüber zu zanken und zu streiten, sich abzusondern, zu beneiden, und, nachdem sie Gewalt hatten, zu verfolgen: welches denn zur Schaam und Schande der allgemeinen Christenheit, und zum Anstoß und Aergerniß der Heiden gereichte, unter denen sie der Herr so lange und so wunderbar erhalten hatte. Da sie aber endlich die weltliche Macht in ihren Händen sahen, indem Kaiser und Könige sich zum Christentum bekannten, verwandelten sie, so viel sie nur konten, das Reich Christi — das nicht von dieser Welt ist — in ein weltliches Reich, oder nannten doch wenigstens das weltliche Reich — das sie in Händen hatten — das Reich Christi; und so geschah' es, daß sie Weltchristen aber keine wahre Christen wurden.

Eine Menge menschlicher Erfindungen und Neuerungen drangen nun, sowohl in der Lehre als im Gottesdienst, mit Macht in die Kirche ein, denn weil die mehrsten Christen schon lange die Leitung des sanftmühtigen und himmlischen Geistes Gottes verlassen und sich dem Aberglauben, dem eigenwilligen Gottesdienst, und einer selbsterwählten Demuth ergeben hatten, so ward durch den unter ihnen herrschenden hochtrabenden und fleischlichen Sinn die Tühr dazu geöfnet. So wie nun aber der Aberglaube nicht allein blind, sondern auch halsstarrig und wühtend ist, — denn es soll entweder alles sich seinem blinden und gränzlosen Eifer unterwerfen, oder dadurch umkommen, — so verfolgten sie sogar in andern, unter dem Schein des Geistes, selbst die Erscheinung des Geistes Gottes, und widersezten sich also dem Licht, der Gnade und dem Geiste Jesu Christi, dem sie in ihren eigenen Herzen widerstrebten, gleichfalls auch in andern; indem sie sich allzeit mit einem scheinbaren Vorwand dagegen wafneten, und sie der Neuerungen, Spaltungen, Kezzereien, u. s. w. beschuldigten. Wiewol das wahre Christentum es nicht verstattet, daß irgend ein solcher Name zum Vorwand gebraucht werde, um jemand wegen seiner Religion zu verfolgen; denn das Christentum ist seiner Natur nach sanftmühtig, gelinde, nachgebend; und seine Haupteigenschaften sind Glaube, Hofnung und Liebe. Eigenschaften, die kein Verfolger besizzen kann, so lang' er ein Verfolger bleibt. Der Glaube und die Hofnung eines Menschen müſten auch sehr schlecht gegründet seyn, und man würde nicht sagen können daß er einige Liebe oder Achtung für seinen Nächsten besäße, wenn er im Stande wäre, das Gemüht eines andern zu verlezzen, oder seine Person zu verfolgen, um ihn zur Annahme dieser oder iener Glaubensartikel, oder zur Beobachtung einer gewissen Form seines Gottesdienstes, zu zwingen.

So entstand nun die falsche Kirche, schwang sich auf den Stuhl, und wafnete sich mit Gewalt. Allein so sehr sie auch ausgeartet war, und wiewol sie die Eigenschaften der wahren Kirche verloren hatte, suchte sie doch immer noch ihren guten Namen zu behalten, und wolte noch immer die Braut des Lammes, die wahre Kirche und Mutter der Gläubigen genennet seyn. Daher zwang sie iedermann, ihr Malzeichen, entweder an die Stirn oder an die rechte Hand — das ist, entweder öffentlich oder heimlich — anzunehmen; aber in der Taht und Wahrheit war sie "die ge= "heimnisvolle Babilon, die Mutter der Huren:" nämlich die Mutter derer, die bei allem ihrem scheinbaren Religionsgepränge dennoch den

Geist, die Natur, und das Leben Jesu Christi nicht besaßen, weil sie eitel, weltlich, ehrbegierig, habsüchtig, grausam u. s. w. geworden waren; welches Früchte des Fleisches und nicht des Geistes sind.

Nun geschah' es, daß die wahre Kirche in die Wüste floh'; das heißt, sie sonderte sich vom Aberglauben und von der Gewalttähtigkeit ab, und begab sich in einen abgeschiedenen einsamen Stand, wo sie gleichsam unsichtbar und vor den Augen der Menschen verborgen, wiewol dennoch in der Welt war. Dies zeigt, daß ihre gewöhnliche Sichtbarkeit nicht wesentlich nöthig war, um nach dem Urteil des heiligen Geistes die wahre Kirche zu seyn; denn sie war es nicht weniger in der Wüste, obgleich minder sichtbar und glänzend als in ihrer vorigen und ersten Herrlichkeit.

In diesem Zustande machte sie verschiedene Versuche um wieder hervorzuleuchten, allein die Wasser waren noch zu hoch, und ihre Wege gänzlich versperret. Daher wurden viele von ihren würdigen Kindern, unter verschiedenen Völkern und zu verschiedenen Zeiten, die Opfer der Grausamkeit des Aberglaubens, weil sie von ihrer Treue für die Wahrheit nicht ablassen wollten.

Das leztere Jahrhundert rükte, sowol in der Lehr: und im Gottesdienst als auch in der

Ausübung, einige Schritte weiter. Aber die Ausübung ließ bald nach; denn in kurzer Zeit strömete die Gottlosigkeit eben so sehr unter den Anhängern der Verbesserung, (Reformazion,) als sie unter denen, von welchen sie ausgegangen waren, im Schwange gieng; so daß man sie an den Früchten ihres Wandels nicht von einander unterscheiden konnte. Man sahe sehr bald die Kinder der Verbesserer — wo nicht die Verbesserer selbst — sich mit irdischer Staatsklugheit und zeitlicher Gewalt wafnen, um ihre Verbesserung, die sie doch mit geistlichen Waffen angefangen hatten, dadurch aufrecht zu erhalten und fortzusezzen. Daher hab' ich oft gedacht, daß dies gewis eine der Haupturſachen geweſen ſei, warum die Religionsverbesserung in Ansehung des wahren Lebens und Geistes der Religion keine bessere Fortschritte gemacht hat. Denn so lange die Verbesserer bemühtig und geistlich gesinnet waren; so lange sie ihr Vertrauen auf Gott sezten, auf ihn sahen, in seiner Furcht lebten, und sich nicht mit Fleisch und Blut besprachen, auch nicht durch eigene menschliche Mittel und Wege Befreiung suchten; so lange wurden täglich solche zu der Gemeine hinzugetahn, von denen man billig sagen konnte: daß sie würden selig werden; denn es lag ihnen nicht so sehr an, wie sie der Verfolgung entgehen, sondern viel mehr wie sie ihren Glauben rein bewahren und geduldig darunter aushalten wollten. Sie waren mehr bemüht, Erkenntnis der Wahrheit, durch Beweise des Glaubens und der Geduld unter den Leiden, zu verbreiten, als die zeitliche Gewalt ihren Verfolgern aus den Händen zu winden; — und die werden es für ein Glück schäzzen können, wenn sie der Herr nicht durch eben solche Mittel zerstören läßt, als sie sich zu ihrer Bestätigung bedient haben.

Ihre Lehre war in einigen Stükken mangelhaft, und wenn sie auf der einen Seite einen Fehler zu vermeiden suchten, so fielen sie auf der andern wieder in einen gegenseitigen. So hatte auch ihr Gottesdienst überhaupt mehr menschliches als geistliches und göttliches in sich. Sie gestanden freilich den Geist und die Eingebung und Offenbarung desselben, auch gründeten sie ihre Absonderung und Verbesserung auf den Sinn und Verstand der Schrift, den sie unter dem Lesen derselben durch den Geist erlangten, und dies war ihr Grundsaz: 'Die Schrift ist der Text, der 'Geist aber der Ausleger, und zwar für einen 'ieden ins besondere.' Aber es war noch zu viel von überlieferten Sazzungen, von menschlicher Erfindung und Kunst in ihrem Gebet und Predigen zurükgeblieben, und ihre Prediger standen zu sehr in weltlichem Ansehn und irdischer Größe, besonders in England, Schweden, Dännemark, und in einigen Gegenden Deutschlands. Daher gefiel es Gott, in England uns durch verschiedene Veränderungen gehen, und gleichsam aus einen Gefäß ins andere gießen zu lassen. Die erste Veränderung welche erfolgte, demüthigte die Prediger, daher bezeigten sie sich denn auch ernstlicher in ihrem Predigen und andächtiger im Gebet, hielten mit mehrerm Eifer auf den Tag des Herrn, nnd bewiesen sich fleißiger in den Katechismuslehren der Kinder und Dienstboten, auch pflegten sie dasjenige, was öffentlich vorgetragen war, zu Hause unter den Ihrigen zu wiederholen. — Aber sobald sie Gewalt und Ansehn erlangten, machten sie auch Gebrauch davon, nicht sowol um einige zum Tempel hinaus, als vielmehr andere hinein zu treiben. Sie bezeigten sich eher streng in ihrer Lehre, als genau im Wandel, mehr für Errichtung einer Partei, als für wahre Gottesfurcht. Dies verursachte, daß ein noch abgeschiedeneres und ausgesuchteres Volk zum Vorschein kam.

Diese Leute wollten keine allgemeine Gemeinschaft mit den übrigen haben, sondern errichteten Gemeinen unter sich selbst, wo man nur diejenigen hinzulies, die einigen Grund von ihrer Bekehrung angeben, oder doch wenigstens einige merkwürdige Erfahrungen des Gnadenwerks Gottes an ihren Herzen aufweisen konten; sodann hielten sie sich, unter gegenseitigen Verträgen und gewissen Verbindungen ihrer Gemeinschaft, als Brüder zusammen. Sie waren von etwas sanfterm Karakter als die andern, und schienen die Religion mehr durch ihre Reize der Liebe, der Barmherzigkeit und Güte, zu empfehlen, als durch Vorstellungen der schreklichen Gerichte und Strafen Gottes bewirken zu wollen; wodurch die vorigen die Menschen zur Religion anzutreiben glaubten.

Sie verstatteten auch größere Freiheit zu weissagen [2]; denn sie erlaubten, daß ein iedes von ihren Mittgliedern eben sowol öffentlich reden und beten durfte, als ihr Prediger, der allzeit von ihnen selbst und nicht von der Obrigkeit erwählt ward. Wenn nun iemand sich angetrieben fand, etwas zu reden oder zu verrichten, so hatte er ohne Unterschied des Standes Freiheit dazu, er mogte Gelehrter oder Laie, und von noch so geringem Gewerbe oder Handwerk seyn.

Allein auch dieses Volk libte, leider! großen Schaden; denn da sie zeitliches Ansehn und Für-

---

[2] d. i. In der Gemeine zur Erbauung, zur Ermahnung, oder zum Trost zu reden. 1 Cor. 14, 3. 5.

stengunst kosteten, und die damit verbundenen Vorteile verspührten, so arteteten sie nur zu sehr aus. Ja! ob sie gleich gegen herrschende Nazional-Kirchen und Kirchenlehrer mit ihren Einkünsten, gezeuget, und die Abschaffung derselben verlangt hatten, so ließen sie sich doch hernach, — als sie selbst auf die Probe kamen, — ebenfalls durch den Schein weltlicher Ehre und Vorteile blenden, nahmen einträgliche Ehrenstellen an, und widersprachen also ihren eigenen Grundsäzzen, die sie auf die Art überlebten. Das Schlimste aber war noch, daß einige von ihnen sogar anfiengen, andere um Gotteswillen zu verfolgen, wiewol sie selbst erst vor kurzem aus dem Ofen gekommen waren. Dies trieb einige einen Schrit weiter, und zwar ins Wasser; denn weil sie nicht glaubten, ordentlich nach der Schrift getauft zu seyn, so führten sie eine andere Tauffe ein, in der Hofnung, daß sie die Kraft und die Gegenwart Gottes, die ihnen mangelte, und die sie suchten, finden würden, wenn sie sich dieser nassen Zeremonie unterwürfen.

Diese Leute behaupteten: daß außer dem Beistand und der Gabe des Geistes Gottes und etwa solcher Eigenschaften die alle Menschen mit einander gemein haben, nicht nur die Erforderung der menschlichen Gelehrsamkeit nebst allen andern dazu für nöhtig gehaltenen Eigenschaften, unnöhtig, sondern daß auch der Gebrauch derselben zu unterlassen, wo nicht gar zu tadlen und zu verwerfen sei; und eine zeitlang schienen sie, — wie vor Zeiten Johannes, — für andere Gesellschaften ein brennendes und scheinendes Licht zu seyn.

Sie waren sehr fleißig, schlicht, einfältig, und ernsthaft in ihren Betragen, in der Schrift sehr bewandert, und frei in ihrem Bekenntnis; daher musten sie auch viele Schmach und Widersprüche erdulden. Aber wodurch andere gefallen waren, das gereichte auch ihnen zum Strik; denn zeitliche Gewalt und Ansehn war gleichfalls ihr Verderben; wovon sie so viel erlangten, daß man leicht danach schließen konnte, was sie getahn haben würden, wenn sie mehr erlangt hätten. Sie verliessen sich auch zu sehr auf ihre Wassertauffe, anstatt daß sie völliger zur Tauffe des Feuers und Geistes hätten fortschreiten sollen, welches die wahre Tauffe desjenigen ist, der, mit der Wurfschauffel in seiner Hand, gekommen ist, um seine Tenne durchaus (und nicht nur zum Teil) zu fegen, sein Volk von allen Schlakken zu reinigen, und den Menschen viel reiner noch als geläutertes Gold darzustellen. — Endlich wurden sie hochmühtig, hart, und selbstgerecht; wolten keinen Fortgang zu weiterer Vollkommenheit gestatten, und vergaßen also den Tag ihrer Kindheit, der ihnen damals etwas von wirklicher Schönheit gab; daher denn auch viele, sie, und alle sichtbare Kirchen und Gesellschaften verließen, als Schafe ohne Hirten, und wie einsame Tauben umherirrten, und ihren Geliebten suchten, aber ihn nicht finden konten, wie sie ihn zu finden und zu kennen verlangten, — den ihre Selen mehr noch als ihre größte Freude liebten.

Diese wurden von einigen Sucher genennt, andere nannten sie die Familie der Liebe; weil sie sich, nach gemachter Bekanntschaft, zuweilen versammleten, nicht um an gewissen Orten und zu bestimmten Zeiten, auf eine angenommene Weise und in ihren eigenen Willen zu beten und zu predigen, — wie sie vorhin zu tuhn gewohnt gewesen waren; — sondern um schweigend mit einander zu harren. So wie dann etwas in ihren Gemühtern aufstieg, das sie einer göttlichen Eingebung zueigneten, so brachten sie es vor. Es geschah' aber, daß einige von ihnen, weil sie nach vielfältig empfangenen herrlichen Offenbarungen nicht in der Demuht und in der Furcht Gottes blieben, sich über die Maße erhoben; denn anstatt daß sie ihre Gemühter in demühtiger Abhängigkeit von Ihm, der ihren Verstand zur Erkenntnis des tiefen Sinnes seines Gesezzes öfnete, hätten bewahren sollen, verstiegen sie sich in ihren eigenen Einbildungen, und indem sie diese mit ienen göttlichen Eröfnungen vermischten, brachten sie eine Misgeburt hervor, die denen, welche Gott in der Taht fürchteten, und täglich in dem nicht mit Händen gemachten Tempel auf den Trost Israels des inwendigen und im Geist beschnittenen Juden warteten, zur Schande gereichte.

Die ausschweifenden Redens = und Lebensarten dieser Leute, erwarben ihnen den Namen der Schwärmer; denn sie suchten zu behaupten: daß Christus, indem er das Gesez für uns erfüllet, uns auch zugleich von aller Verbindlichkeit und Pflicht die vom Gesez erfordert würde, befreiet hätte; anstatt daß er uns von der Verdamnis des Gesezzes wegen der vergangenen Sünden, unter der Bedingung des Glaubens und der Sinnesänderung, erlöset habe. Ferner, daß ebendieselben Dinge, die uns vorhin würden zur Sünde gerechnet seyn, wenn wir sie getahn hätten, iezt für uns nicht mehr sündlich wären, indem Christus uns von der knechtischen Furcht des Gesezzes befreiet hätte; und daß alle Dinge die ein Mensch verrichtete, gut wären, in so fern er ſie nur in der Abſicht und Meinung täthte, daß ſie es wären. Dergeſtalt erlaubten ſich viele von ihnen ganz abſcheuliche und unverzeiliche Handlungen, unter dem Vorwand, daß ſie, ohne ein Verbrechen zu begehen, eben dieſelbe Sache tuhn könten, die einem andern Sünde ſeyn würde. Sie machten alſo einen Unterſchied zwiſchen der Handlung ſelbſt und dem Uebel derſelben, nach der Gemüthslage und Abſicht deſſen der ſie verrichtete; und auf ſolche Art wurde der Ueberfluß der Gnade von dem der Sünde übertroffen, und die Gnade Gottes zum Muthwillen verwendet. Dies war der beſte Weg der ie bekannt geweſen war, um mit Sicherheit ſündigen zu können; als ob Chriſtus gekommen wäre, nicht um uns von der Sünde zu erlöſen, ſondern um uns in unſern Sünden ſelig zu machen; nicht um unſere Sünden wegzunehmen, ſondern damit wir, mit beſto größerer Freiheit und wenigerer Gefahr, auf ſeine Rechnung ſündigen könnten.

Durch dieſe Lehre wurden viele verſtrikket; ſie war die Urſach eines ihr ewiges Heil betreffenden gänzlichen und unerſezlichen Verluſts; ein Aergerniß für beſſere Menſchen; und gab den Böſen und Leichtfertigen Anlas zur Läſterung.

Zweiter Abschnitt.

1. Von der Entstehung der Freunde. 2. Ihr großer Hauptgrundsatz, und ihre Lehre in zwölf davon hergeleiteten Lehrsätzen. 3. Von ihrem Fortgang und von den Leiden die sie erduldet haben. 4. Eine über diesen Gegenstand abgefaßte Ermahnung an England.

Es war ohngefehr um eben diese Zeit, (wie aus Georg Foxens Tagebuch erhellet,) da es dem ewigen, weisen, und gütigen Gott in seiner unendlichen Liebe gefiel, dieses verfinsterte und verwilderte Land mit dem Anbruch seines herrlichen Tages aus der Höhe zu besuchen, und durch das Zeugnis eines erwählten Werkzeugs, das Wort des Lichts und Lebens gewisser und deutlicher verkündigen zu lassen; wovon viele Tausende den großen und gesegneten Endzwek bezeugen können. Und dafür sei ewig der Name des Herrn verherrlicht!

Denn da dieses Zeugnis das Gewissen traf und das Herz rührte, so wurden viele dadurch dergestalt zum Gefühl und Suchen gebracht; daß sie dasjenige, was sie mit vieler Mühe und mit vielen Kosten vergebens von aussen gesucht hatten, durch Hülfe dieser Verkündigung inwendig, wo sie es zu besizzen verlangten, wirklich fanden; nemlich: **den rechten Weg zum Frieden mit Gott.** Denn sie wurden angewiesen, das Licht Christi, als den Samen und Sauerteig des Reichs Gottes, in ihnen selbst zu suchen; welches allen Menschen nahe ist, weil es in allen, und eben das einem ieden von Gott anvertrauete Pfund ist; ein getreuer und wahrhafter Zeuge, und ein richtiger Erinnerer in eines ieden Brust; die Gabe und Gnade Gottes welche Leben und Seligkeit bringt, und in allen Menschen erscheinet, obgleich wenige darauf merken. Dieses göttliche Prinzipium wurde von dem an seinen überlieferten Sazzungen klebenden, von sich selbst angefüllten, eigenwilligen und selbstgerechten Christen, der allzeit hartnäkkig seinen Weg für den besten hält, von Leidenschaften regiert und vom blinden Eifer hingerissen wird, — entweder als ein niedriges und gemeines Ding verachtet, oder unter allerlei harten Namen und schimpflichen Ausdrükken, als eine Neuheit bestritten. Denn er leugnet in seinem unwissenden und entrüsteten Gemüht iede neue innerliche Offenbarung der Kraft und des Geistes Gottes in unsern Tagen; wiewol sie nie nöhtiger war, um wahre Christen hervorzubringen. Und hierin ist er ienen ehemaligen Juden zu vergleichen, die gerade zu der Zeit, da sie die Zukunft des Meßias zu erwarten blindlings behaupteten, den Sohn Gottes verwarfen, weil er nicht nach den Begriffen die sie sich in ihren fleischlichen Gemühtern von ihm gemacht hatten, und folglich nicht nach ihrer Erwartung unter ihnen erschien.

Dies verursachte, daß eine Menge von Schmähschriften und andern unnützen Büchern herauskamen, welche die höhere Menschenklasse mit Haß und die niedrigere mit Wuht anfüllten; so daß der Weg und Fortgang für diejenigen, die dies gesegnete Zeugnis annahmen, in der Taht sehr enge und schmal gemacht ward. Jedoch ließ Gott sein eigenes Werk nicht liegen, und die Müden und schwer beladenen, die Hungrigen und Durstigen, die Traurigen und mit mancherlei Krankheiten behafteten, die alles an die unnüzzen Aerzte gewandt hatten, und nur Erleichterung vom Himmel, blos Hülfe von oben erwarteten; die wurden durch dieses Zeugnis kräftig und nachdrüklich erreicht, gesammlet, getröstet, und befestigt: denn nachdem sie alles versucht hatten, so sahen sie wol ein, daß niemand ihnen Hülfe verschaffen und kein anderer sie heilen könte, als Jesus Christus selbst. Es war das Licht seines Angesichts, das Berühren seines Kleides, die Hülfe seiner Hand, wodurch dem armen Weibe der Blutgang gestillt, des Hauptmanns Knecht, der Witwe Sohn, des Obersten Tochter und Petri Schwiegermutter wieder aufgerichtet ward; und gleich dieser lezteren, fühlten sie nicht sobald die Kraft und Wirkung seiner Gnade in ihren Selen, als sie auch bereit waren, ihm Gehorsam zu leisten und seine Kraft öffentlich zu bezeugen. Und dies tahten sie mit treuen Herzen und ergebenem Willen, ungeachtet der vielen Verspottungen und Widersprüche, Beraubungen und Einziehungen ihrer Güter, Schläge, Gefängnisse, und verschiedenen andern Leiden und Gefahren die sie antrafen, und um seines heiligen Namens willen zu erdulden hatten.

Diese schreklichen Proben waren in der Taht so groß und mannigfaltig, daß man — nach menschlicher Aussicht davon zu urteilen — hätte denken sollen, sie würden von den hohen und wütenden Wellen, die so entsezlich aufschwollen und gegen sie anstürmeten, bald lebendig verschlungen werden. Aber der Gott aller Barmherzigkeit war mit ihnen, und unterstüzte sie durch seinen allmächtigen Arm; so daß oft Hügel flohen, und Berge schmolzen vor der Kraft, mit der sie ausgerüstet waren, und die so mächtig für sie und in ihnen wirkte, indem immer eins dem andern folgte; woraus sie zu ihrer gewissen Bestätigung und zu ihrem nicht geringen Trost ganz deutlich sehen konnten, daß bei Ihm, mit dem sie es zu tuhn hatten, "alle Dinge möglich wä: "ren," und daß Gott — iemehr das, was er von ihnen verlangte die menschliche Weisheit zu kreuzigen schien und sie der Wuht der Menschen aussezte, — immer desto herrlicher mit seiner Hülfe erschien, und sie durch alle Hindernisse zu seiner Verherrlichung hindurchführte.

Wenn also ie ein Volk in Wahrheit sagen konte: "Du bist unsere Sonne und unser Schild, "unser Fels und unsre Zuflucht; mit dir sind "wir über die Mauren gesprungen; mit dir sind "wir durch einen ganzen Hauffen hindurch ge: "gangen; durch dich haben wir die Heere der "Fremden in die Flucht geschlagen;" so konten sie es mit Recht sagen. Und als Gott ihre Selen von der beschwerlichen Last der Sünde und Eitelkeit befreiet, ihre Armuht des Geistes bereichert, ihren großen Hunger und Durst nach der ewigen Gerechtigkeit gesättigt, sie mit den Gütern seines eigenen Hauses gefüllet, und zu Haushaltern seiner mannigfaltigen Gnadengaben gemacht hatte; da giengen sie in alle Gegenden dieser Länder aus, und verkündigten den Einwohnern derselben, was Gott für sie getahn hatte was sie gefunden, wo, und wie sie es gefunden hätten; nemlich: den Weg zum Frieden mit Gott, wozu sie die Menschen einladeten, daß sie kommen, und die Wahrheit desjenigen, was sie ihnen verkündigten, selbst sehen und schmekken mögten.

So wie sie nun behaupteten, daß das göttliche Prinzipium im Menschen, diese köstliche Perl und dieser Sauerteig des Reichs,* das einzige gesegnete, und zur Belebung, Ueberzeugung, und Heiligung der Menschen von Gott bestimmte Mittel sei; so eröfneten sie ihnen auch, was dieses Prinzipium an sich selbst eigentlich sei, und zu welchem Ende es ihnen verliehen wäre; wie sie es von ihrem eigenen Geiste und von der feinen Gestalt des bösen Geistes unterscheiden könten; und was es für alle diejenigen tuhn würde, die ihre Gemühter von den Eitelkeiten der Welt und von ihren leblosen Wegen und Lehrern abwenden, und diesem göttlichen Licht in ihnen anhangen würden, welches die Sünde in jeder Gestalt entdekt und verurteilt, und zugleich lehret wie man sie überwinden könne: indem es denen die darauf achten, und ihm in seinen heiligen Offenbarungen und Ueberzeugungen gehorchen, auch Kraft erteilt, die

* Math. 13, 33.

Dinge, die Gott mißfällig sind, zu meiden, den Versuchungen zu widerstehen, und in der Liebe, im Glauben, und in guten Werken zu wachsen; damit also der Mensch, den die Sünde einer mit Dornen und Disteln überzogenen Wüste gleich gemacht hat, wieder wie der Garte Gottes werde, der, durch seine göttliche Kraft gebauet, mit den schönsten Pflanzen der Tugend erfüllet ist, die Gott mit eigener Hand zu seinem ewigen Preiße gepflanzt hat.

Aber diese Prediger der frölichen Botschaft der Wahrheit und des Reichs Gottes, die von den Dingen, die sie verkündigten, selbst Erfahrung hatten, durften nicht lauffen wenn sie wolten, oder beten und predigen wenn es ihnen gefiel, sondern wie Christus, ihr Erlöser, sie durch seinen heiligen Geist bereitete und bewegte; daher musten sie, in ihren Versammlungen und in ihrem Gottesdienst, auf diese Vorbereitung und Bewegung harren und warten, um dasjenige hervorzubringen, was Er ihnen gab auszusprechen.[3]

[3] Wenn Menschen eine lebendige Ueberzeugung haben, daß sie ohne Christum, ihrem Licht und Leben, gar nichts, was wirklich zur Verherrlichung Gottes und zum Heil der Seelen gereichet, thun oder hervorbringen können; wenn sie glauben, daß aller von Menschen erfundene und in des Menschen eigenen Willen verrichtete Got-

Dann redeten sie als solche denen Gewalt gegeben war, und nicht wie die träumenden, trotz-

tesdienst, wenn er auch noch so eifrig vollzogen wird, in den Augen Gottes — weil er im Geist und in der Wahrheit will verehrt und angebetet seyn — höchst misfällig ist; und daß alles Beten und Predigen, wenn es nicht durch den Geist Gottes hervorgebracht und in der lebendigmachenden Kraft desselben verrichtet wird, — ob es gleich in den vortreflichsten Ausdrükken und an sich wahren Worten bestehen mögte — dennoch keinen wahren Nuzzen schaffen kann; wenn sie also die Unzulänglichkeit aller menschlichen Erfindungen und unter den verschiedenen Religionsparteien gebräuchlichen Zeremonien lebendig erkennen, und überzeugt sind, daß es nicht in ihrer Macht steht, den zu einem Gott angenehmen und wohlgefälligen Gottesdienst unumgänglich nöthigen Einfluß seines Geistes, selbst zu erwekken oder in ihnen hervorzubringen; so ist es natürlich, daß sie in ihren gottesdienstlichen Versammlungen, nicht so fort, nach einer hergebrachten Gewohnheit, zu den gottseligen Verrichtungen des Predigens oder Betens schreiten können, ohne die dazu erforderliche Belebung und Bewegung des lebendigmachenden Geistes abzuwarten und zu empfinden.

Daher halten es die Freunde für nöthig, daß sie in ihren Versammlungen, — die sie, als eine ihnen besonders obliegende Pflicht, zur öffentlichen Verehrung und Anbetung Gottes, und zum beständigen Zeugnis für seine Wahrheit halten, und wovon sie auch die heissesten Verfolgungen nicht haben abbringen können, —

fenen, und an ihre leeren Formalitäten gebundenen Pharisäer; welches auch den redlichge-

sich mit einander in eine feierliche innere Stille sammlen, und indem sie von ihren eigenen Gedanken und Einbildungen sich abkehren, und also von ihrem eigenen Wirken ruhen, ihre Gemühter auf das Licht Christi in ihnen heften, und schweigend auf den Herrn harren und warten; um des Segens zu genießen, den er in den Ausdrükken: "Wo zween oder drei in meinem Namen "versammlet sind, daselbst bin ich in ihrer Mitte" auf die Versammlung seiner Kinder gelegt hat; damit sie also seinen unmittelbaren Unterricht genießen und durch seinen Geist bereitet werden mögen, ihm lebendige und wohlgefällige Opfer darzubringen. Sie wissen es aus einer gesegneten Erfahrung, daß diejenigen, die auf solche Art auf den Herrn harren, gewis neue Kräfte schöpfen, und nicht ungesegnet auseinander gehen, wenn gleich keiner von ihnen zum mündlichen Vortrag oder Gebet beweget werden solte. Und obgleich diese Art des Gottesdienstes, wo eine Anzal Menschen oft Stunden lang in einem tiefen Schweigen bei einander sitzen und auf den Herrn harren, ohne daß während dieser Zeit ein Wort geredet wird, für das unruhige Gemüht des natürlichen Menschen, — der weder die Vorteile desselben kennt, noch den Endzwek davon begreiffen kann, indem er alle Zeit, worin seine fleischlichen Sinne nicht auf irgend eine Art unterhalten werden, gleichsam für verloren hält, — in der Taht wenig angenehmes hat, und für den an das kraftlose Gepräng seiner glänzenden Zeremonien gewöhnten Namenchristen, so ganz sinnten, denen der Herr Jesus in einigem Maas ihre geistlichen Augen geöfnet hatte, deutlich einleuchtete. Demnach hatte der eine ein Wort der Ermahnung, der andere ein Wort der Bestrafung, wieder ein anderer ein Wort des Trostes, und das alles durch einen und eben denselben Geist und in der guten Ordnung desselben; so daß viele dadurch überzeugt und erbauet wurden.

Sie wurden auch in der Taht durch Treue stark und erlangten viele Freimühtigkeit; und durch die Kraft und den Geist des Herrn Jesu brachten sie häufige Früchte hervor. Tausende wurden in kurzer Zeit durch ihr Zeugniß, das sie sowol in ihrem Predigen als auch durch ihre Leiden ablegten, zur innern Wahrheit gekehret; und demnach wurden in den meisten Grafschaften, wie auch in vielen ansehnlichen Städten von

ohn' alle Gestalt und Schönheit ist; so sind doch seine Vorteile so groß, daß ein ieder, der nur in einigem Maas zum wirklichen Genus derselben gelanget ist, gewiß Grund genug finden wird, alles scheinbare und durch menschliche Erfindungen geschmükte Religionsgepräng, für diese in den Augen der Klugen und Weisen dieser Welt so unansehnliche, schmuklose, und von allem in die Sinne fallenden Schwulst menschlicher Weisheit entblöste Gestalt des stillen Harrens, zu verlassen; denn "des Königs-Tochter," die wahre Kirche, "ist inwendig ganz herrlich geschmükket." Ps. 45, 14.

England Versammlungen errichtet, und "es wur= "den täglich einige hinzugetahn,, die selig werden "solten;" denn sie waren fleißig im Pflanzen und Begießen, und der Herr segnete ihre Arbeit mit einem außerordentlichen Wachstum; obgleich ihrem gesegneten Fortgang nicht nur von den Gewaltigen der Erde, sondern auch von einem ieden der nur Lust hatte sie zu beleidigen und zu kränken, durch allerlei falsche Gerüchte, Ver= leumdungen und bittere Verfolgungen, der stärkste Widerstand geboten ward; so daß sie in der Taht "als arme für die Schlachtbank bestimmte "Schafe," oder "wie ein Volk das den ganzen "Tag getödtet wird," anzusehen waren.

Es würde sich besser für einen ganzen Band als für eine Vorrede + schikken, wenn man nur die merkwürdigsten der grausamen Leiden wieder= holen wolte, die ihnen teils von Leuten die selbst Religion vorgaben, teils von leichtfertigen und zügellosen Menschen, sowol von Obrigkeits= personen, als auch vom gemeinen Hauffen, zuge= fügt wurden, daß man also von diesem ver= schmähten und verachteten Volk wol mit Recht sagen mag: sie giengen weinend aus, und säeten mit Tränen, indem sie dem köstlichen

+ Man erinnere sich, daß diese kleine Schrift zuerst als Vorrede zu Georg Jorens Tagebuch geschrieben war.

Samen Zeugnis gaben, nämlich dem Samen des Reichs Gottes, das nicht in Worten, ia! selbst nicht in den schönsten und erhabensten Worten die ie der menschliche Wiz hervor bringen konte, sondern in der Kraft besteht; nämlich in der Kraft Jesu Christi, dem Gott der Vater alle Gewalt im Himmel und auf Erden gegeben hat, daß er über Engel und Menschen herrschen solte. Der teilte ihnen seine Kraft mit, wie ihre Arbeit beweiset: denn durch ihren Dienst wurden viele von der Finsternis zum Licht, und von dem breiten und gemächlichen Wege des Verderbens, auf den schmalen Weg des Lebens gebracht, indem sie die Menschen zu einem genauen, ernstlichen, und gottesfürchtigen Wandel anwiesen, als worin die Ausübung ihrer Lehre besteht.

Weil nun ohne diese geheime göttliche Kraft, kein Beleben und Wiedergebären der todten Seelen möglich ist; so ist auch der Mangel an dieser wiedergebärenden und lebendigmachenden Kraft, die einzige Ursach, daß von dem vielen Predigen, das bisher in der Welt geschehen ist und noch geschiehet, so wenig wahre Früchte zu sehen sind. — Mögten sich doch beide, Prediger und Volk, hievon lebendig überzeugen lassen! Oft ist meine Sele für sie bekümmert, und nicht selten find' ich mich ihrentwegen mit Trauern und Betrübnis umgeben. O! daß sie die Dinge, die wirklich und wesentlich zu ihrem ewigen Frieden dienen, erwegen und beherzigen wolten!

Nun wollen wir zwei Dinge betrachten: die Lehre die sie führen, und das Beispiel das sie andern durch ihr Betragen geben. Ihren Hauptgrundsaz hab' ich schon mit wenigem berührt; dieser ist gleichsam der Ekstein ihres ganzen Gebäudes, oder — eigentlicher und würdig davon zu reden, — ihr Hauptkarakterzug, oder das vornehmste Merkmal das sie von andern unterscheidet; nemlich: das Licht Christi in ihnen, die Gabe Gottes zum Heil der Menschen. ⸗ Dieses göttliche Prinzipium ist die Wurzel des guten Baums, aus dem die verschiedenen Hauptstükke der Lehre gleichsam als Zweige hervorgesprosset sind, die ich iezt in ihrer natürlichen und erfahrungsmäßigen Ordnung anführen will.

⸗ Dieses wahrhaftige Licht, das einen jeden Menschen erleuchtet, der in diese Welt kommt, und eine zeitlang in die Herzen aller Menschen scheinet, das sie ins geheim über die Sünde und Ungerechtigkeit bestraft, überzeuget, ermahnet, und gern selig machen will, wird von den mehrsten Menschen übersehen, und wegen seiner geringen Gestalt nur zu sehr verachtet. Diejenigen aber, die daran glauben, seiner Ueberzeugung folgen, und es zu ihrem einzigen Führer erwählen, finden daß es in der

Das erste ist: Bereuung der todten Werke, um dem lebendigen Gott zu dienen. Hierin sind drei Wirkungen enthalten: 1. Erkentniß der Sünde. 2. Ein Gefühl eines heiligen Schrekkens und einer schmerzlichen Betrübnis über die Sünde. 3. Sinnesänderung, und Besserung für die Zukunft. Dies war die Buße die sie predigten und worauf sie drangen, und sie ist der natürliche Erfolg der Annahme des göttlichen Prinzipiums, daß sie allen Menschen anpriesen; denn das Licht entdekt die Sünde, durch das Erkenntuis der Sünde entsteht das Gefühl des Schrekkens und der Betrübnis, und aus diesem Gefühl des Schrekkens und der Betrübnis, folgt Besserung des Lebens. Diese Lehre der Sinnesänderung leitet zur Rechtfertigung, das ist: 1. zur Vergebung der vergangenen Sünden durch Christum, der die einzige Versöhnung ist; 2. zur Heiligung oder Reinigung der Sele von den Beflekkungen und Gewohnheiten

Taht der Stein ist, den die Bauleute in ihrer eigenen Klugheit verworfen haben, und der zum Ekstein worden ist. Hierin ist die verborgene Kraft, die den Sieg über die Welt und Sünde giebt, und die verborgene Weisheit enthalten, welche, — wie der Apostel sagt — "keiner von den Regenten dieser Welt erkannt hatte, "denn wenn sie dieselbe erkannt hätten, so würden sie "den Herrn der Herrlichkeit nicht gekreuzigt haben."

der gegenwärtigen Sünde durch den Geist Christi in der Sele. Dies ist die wahre Rechtfertigung nach der ganzen Bedeutung des Worts, welche in sich begreift: daß der Mensch durch die Liebe und Barmherzigkeit Gottes in Christo Jesu, von der Schuld der vergangenen Sünden gerechtfertigt ist, als wenn sie nie begangen wären; und durch die reinigende und heiligende Kraft Christi, die sich in der Sele offenbaret, **inwendig gerecht gemacht ist**, welches gemeiniglich **Heiligung** genennet wird. Niemand kann aber Christum als seine Versöhnung erkennen, der ihn nicht auch als seine Heiligung annimt; denn er ist nicht zu dem Ende gekommen, daß er die Menschen blos von der Schuld der Sünde befreie, sondern daß er sie auch von der Natur und Beflekkung derselben erlöse. Daher haben alle Menschen, die seinem Licht und Geist widerstreben, die Schuld sich selbst beizumessen, daß seine Zukunft und Versöhnung ihnen nichts hilft.

Hieraus entsprang ein zweites Hauptstük der Lehre, das sie als das Ziel des Himmlischen Berufs andern anzupreisen sich gedrungen fanden; nemlich, **vollkommene Befreiung von der Sünde**, nach dem Zeugnis der Schriften der Wahrheit, die uns bezeugen: daß dies der große Endzwek der Zukunft Christi, der Natur seines Reichs gemäs, und seine Absicht bei der Sendung seines heiligen Geistes sei: "daß wir "vollkommen seyn sollen, wie unser himmlischer "Vater vollkommen ist; und heilig, weil Gott "heilig ist." Dies war auch das Ziel aller Arbeiten der Apostel, daß die Christen sollten "durch "und durch, nach Leib, Sele und Geist, geheiligt seyn." Sie haben aber nie eine Vollkommenheit in der Weisheit und Herrlichkeit in diesem Leben, noch eine vollkommene Befreiung von natürlichen Gebrechlichkeiten oder vom Tode behauptet, wie einige aus Schwachheit geglaubt, oder aus übler Absicht ihnen angedichtet haben.

Diesen Zustand nennen sie Erlösung, Wiedergeburt, oder die neue Geburt, und lehren bei allen Gelegenheiten, was sie aus eigener Erfahrung gelernt haben: daß da, wo dieses Werk nicht erkannt würde, kein Ererben des Reichs Gottes zu erwarten sei.

Drittens folgt der Grundsaz von ewigen Belohnungen und Strafen, den sie mit gutem Grunde glauben können; denn sonst wären sie die allerelendesten von allen Menschen, da sie schon länger als vierzig Jahre, [6] wegen ihres christlichen Bekentnisses außerordentliche Leiden

---

[6] Dies kleine Werk erschien zuerst im Jahr 1634.

ausgestanden haben, und bei einigen Gelegenheiten weit schlimmer als die ärgsten Menschen, ja als der Abschaum und Auswurf von allen Geschöpfen, sind behandelt worden.

Dies ist der Hauptinnhalt ihrer Lehre und Predigt, welches zwar andere Christentumsbekenner der Form und den Worten nach, gröstenteils auch zu halten vorgeben; aber die Kraft der Gottseligkeit mangelt, die, überhaupt genommen, schon lange verloren ist: indem die Menschen das göttliche Prinzipium, den Samen des Lebens in ihnen, verlassen, darauf nicht mehr geachtet, und das Gefühl davon verloren haben; wiewol dieses doch nur allein vermögend ist, sie in ihren Gemühtern lebendig zu machen, um dem lebendigen Gott in einem neuen Leben zu dienen. Da also das Leben der Religion verloren war, und die mehrsten Bekenner des Christentums sowol nach ihrem eigenen Willen lebten, als auch ihren Gottesdienst darnach, und nicht nach dem Willen Gottes und dem Sinn Christi verrichteten, — denn er verlangt Werke und Früchte des heiligen Geistes, — so war dies, worauf die Freunde drangen, keine ungegründete Meinung, sondern lebendige Erfahrung; nicht eine leere Form, sondern wahre Gottesfurcht: indem sie durch die Wirkung der gerechten Gerichte Gottes in ihnen selbst überzeugt waren, daß "ohne Heiligung niemand ie den Herrn mit Freu= "den sehen wird."

Diese drei Hauptstükke, die gleichsam als die vornehmsten Zweige ihrer Lehre anzusehen sind, teilten sich in noch einige besondere Leh= ren, durch welche die Kraft und Wahrheit die= ser Hauptlehren noch ferner, in ihrem Leben und Betragen, an den Tag gelegt und erwiesen ist.

1. **Gemeinschaft und Liebe unter einander.** Man hört fast iedermann von ih= nen sagen: 'Sie versammlen und vereinigen sich, 'sie helfen einander und halten zusammen!' daher ist es nichts ungewöhnliches zu hören: 'Seht wie die Quäker sich lieben und für einan= 'der sorgen!' Andere, weniger gemäßigte, sagen wol: 'Die Quäker lieben nur sich selbst.' — Wenn aber gegenseitige Liebe, innige Gemein= schaft in der Religion, beständige Sorgfalt sich zur Verehrung Gottes zu versammlen, und ein= ander zu helfen, einige Kennzeichen des ersten Christentums sind; so besizzen sie es — gelobet sei der Herr — in reichem Maas.

2. **Ihre Feinde zu lieben.** Diesen Grundsaz haben sie nicht nur gelehrt, sondern

auch allzeit ausgeübt; denn sie haben sich nicht nur beständig geweigert, empfangene Beleidigungen zu rächen, indem sie die Rache als eine Frucht eines unchristlichen Geistes verwerfen; sondern sie haben sich auch allzeit zum Verzeihen bereit finden lassen; ja sie sind vielmehr denen, die grausam gegen sie gehandelt hatten, — selbst zu der Zeit, da sie es in ihrer Gewalt gehabt hätten, ihnen Gleiches mit Gleichem zu vergelten, — mit Hülfe und Beistand zuvor gekommen; wovon viele und merkwürdige Beispiele könten angeführt werden. Immer war es ihr Bestreben, durch Glauben und Geduld alle Ungerechtigkeit und Unterdrükkung zu überwinden, und dies predigten sie, als eine christliche Lehre, andern zur Nachfolge.

3. Daß es unter Christen hinlänglich sei, nach Christi Regel und Beispiel, die Wahrheit mit Ja oder Nein zu reden, ohne sie durch Eidschwüre zu bekräftigen; erstlich, wegen des ausdrüklichen Verbots Christi Math. 5. "daß man ganz und gar nicht schwören solle;" und zweytens, weil der Eid, indem sie in ihrem eigenen Gewissen schon an die Wahrheit gebunden wären, unnöthig sei. Ueberdem würd' es auch ihrer christlichen Wahrheitsliebe zum Vorwurf

gereichen, wenn sie die Wahrheit mit so außerordentlichen Ausdrükken behaupten solten, da doch eine einfältige und ungekünstelte Sprache, als Ja oder Nein, ohne weitere Bekräftigungen, Versicherungen, und übernatürliche Beteurungen, mit der Geradheit und Aufrichtigkeit des Evangeliums am besten übereinstimmt. Sie erbieten sich aber zugleich, im Fall daß man sie in ihren Außsagen der Unwahrheit zeihen könte, eben den Strafen, womit meineidige Personen belegt werden, unterworfen zu seyn. Auf die Art schließen sie mit dem wahren, zugleich alles falsche und leichtsinnige Schwören aus; worüber die Erde so lange schon getrauert hat und noch trauert, und wodurch das höchste Wesen bisher nicht wenig ist beleidigt worden, und immer noch beleidigt wird.

4. **Nicht streiten und fechten, sondern leiden**, ist noch ein Grundsaz, der den Freunden besonders eigen ist. Sie behaupten: das Christentum lehre die Menschen, "ihre "Schwerte zu Pflugscharen und ihre Spieße zu "Sicheln machen, und nicht mehr kriegen lernen; "damit also die Wölfe bei den Lämmern, und "die Löwen bei den Kälbern wohnen, und alle "Anschläge zur Zerstörung aus den Herzen der "Menschen verbannet werden mögten." Sie er-

mahnen: daß die Menschen ihren Eifer gegen die Sünde, und ihren Zorn wider den Satan kehren, aber nicht mehr wider einander streiten und kriegen mögten; weil — wie der Apostel Jacobus behauptet — "alle Kriege und "Gefechte aus den Lüsten des menschlichen Her"zens," und nicht von dem sanftmühtigen Geiste Jesu Christi herkommen, welcher der Anführer eines andern Krieges ist, der mit ganz andern Waffen geführt wird. So wie demnach bei ihnen, — nicht nur in der Lehre, sondern auch im Wandel, — der Gebrauch einfältig die Wahrheit zu reden, das Schwören aufhob, so machten Glaube und Geduld dem Fechten ein Ende. Die Landesregierungen sölten aber deswegen nicht ungehalten auf sie seyn; denn wenn es ihnen nicht erlaubt ist, für sie zu fechten, so können sie auch eben so wenig gegen sie die Waffen aufheben. Und dies ist in der Taht keine geringe Sicherheit für einen Staat. Es ist auch nicht billig, iemand zu tadlen, weil er das nicht für andere tuhn kann, was er glaubt für sich selbst nicht tuhn zu dürfen; und, — das Christentum beiseite, — wenn die Unkosten und Folgen des Krieges wohl erwogen werden, so ist ihm gewis im Ganzen der Friede mit allen seinen Beschwerlichkeiten weit vorzuziehen.

Wiewol es nun also ihre Sache nicht ist, Waffen zu führen, so halten sie es doch für ihre Schuldigkeit, sich der Obrigkeit zu unterwerfen, und zwar "nicht nur aus Furcht, sondern um des Gewissens willen," insofern sie nicht über ihre Gewissen zu herrschen sucht. Sie glauben, daß die Obrigkeit eine Verordnung Gottes, und wenn sie ihr Amt in Gerechtigkeit verwaltet, eine grosse Wohltaht für das menschliche Geschlecht sei; wiewol es oft ihr Loos gewesen ist, teils von einigen aus blindem Eifer, teils von andern aus Eigennuz, härtere und schmerzhaftere Streiche zu leiden, als irgend eine christliche Gesellschaft in diesem Jahrhundert; da sie doch — die Religion beiseite — unter allen andern, der Obrigkeit die wenigste Gelegenheit gegeben haben, sich in der Ausrichtung ihres Amts zu bemühen.

5. Noch ein Teil ihres Karakters ist dieser: sie weigern sich den Zehnten, oder irgend einen Beitrag zum Unterhalt der gemieteten Volks-Prediger zu bezalen, und dies aus folgenden zwei Ursachen: erstlich, weil sie glauben daß alle gezwungene Beiträge, selbst zum Unterhalt der wahren Diener des Evangeliums, unrechtmäßig seien, indem sie dem ausdrüklichen Befehl Christi: "Umsonst

"habt ihrs empfangen, umsonst solt ihr es geben" geradezu widersprechen. Folglich müste die Unterhaltung der Diener des Evangeliums, zum wenigsten freiwillig, aber keinesweges gezwungen seyn. Zweitens: weil sie iene Prediger, — die nicht durch den heiligen Geist berufen, sondern durch menschliche Künste und Wissenschaften zu ihren Aemtern gelanget sind, — nicht für wahre Diener des Evangeliums erkennen. Es geschiehet also weder aus Geiz, noch aus Neid oder Eigensinn, daß sie zum Unterhalt iener von Menschen erwählten Priester nichts beitragen können, weil ohnehin dergleichen Aemter nur zu sehr, und zu augenscheinlich, Mittel und Wege zu großen weltlichen Vorteilen, und zu hohen Ehrenstellen geworden sind.

6. Das Ansehn der Person nicht zu achten, ist ebenfalls ein Teil der Lehre die sie in Ausübung bringen, und worüber man sie oft sehr beleidigt und mißhandelt hat. Sie behaupten, daß es sündlich sei, iemanden schmeichelnde Titel zu geben, und zum Zeichen der Ehrerbietung, eitele Geberden (Verbeugungen) oder Komplimente zu machen. Jedoch haben sie Tugend und Ansehn allzeit, zwar auf ihre unglänzende und einfältige Weise, aber doch aufrichtig, und wesentlich zu unterscheiden gewußt;

eingedenk, der Beispiele des Mardochai und Elihu, vorzüglich aber des Befehls ihres Herrn und Meisters Jesu Christi, der seinen Nachfolgern verboten hat, die Menschen Rabbi — d. i. Herr oder Meister — zu nennen, noch auch die üblichen Wünsche und Begrüßungen damaliger Zeiten zu gebrauchen: damit Eigenliebe und Ehrsucht, denen das stolze Gemüht des Menschen in seinem Fall ergeben ist, nicht begünstigt, sondern vielmehr bestraft würden.

Freilich machte ein solches Betragen ihren Umgang unangenehm; iedoch werden diejenigen, die sich erinnern wollen, was Christus zu den Juden sagte: "Wie könnt ihr glauben, die ihr "Ehre von einander nehmet," Ursach finden, ihre hohen Empfindungen zu mildern, wenn anders seine Lehre bei ihnen einiges Gewicht hat.

7. Sie bedienen sich auch gegen iedermann, ohne auf den Unterschied des Standes oder Ranges unter den Menschen zu sehen, der reinen und einfältigen Sprache: d. i., du zu einer Person, und ihr zu mehrern zu sagen. Und hierin ist in der Taht die Weisheit Gottes sehr zu bemerken, daß er dieses Volk unter einer so einfältigen Gestalt hervorbrachte; denn sie war gleichsam der Prüfstein, woran man die Geister

derer, unter welche sie kamen, erkennen konnte. Ihr Inneres, und was bei ihnen die Herrschaft hatte, ward sogleich dadurch entdekt, und wenn sie auch noch so große und hohe Ansprüche auf Religion machten. Ja, die Redensart du schien einigen so unangenehm zu klingen, und ward von ihnen oft so übel aufgenommen, daß sie wol in den Ausdrükken ausgebrochen sind: 'Wen 'duzzest du? duzze meinen Hund! Unterstehest 'du dich, mich zu duzzen, so werd' ich dir die 'Zähne in den Hals duzzen!' Sie vergaßen aber, was für einer Redensart sie sich selbst in ih=ren eigenen Gebeten gegen Gott bedienten; daß es die gewöhnliche Redensart der Schrift, und der eigentlich richtige Gebrauch der Sprache ist. 7 Und was mag doch denen wol ihre Religion nüzzen, die über dem Gebrauch einer so einfälti=

---

7 Es war im Anfang der Sprachgebrauch im Hebräi=schen; denn Gott sagte zu Adam du; und so ist es im Syrischen, Chaldäischen, Griechischen und Lateinischen. Also ist es weder eine Neuerung noch Grobheit; denn Gott selbst, alle Erzväter und Propheten, Christus und seine Apostel haben so geredet. — Man prüfe nur, was es eigentlich im Menschen ist, das ein so einfälti=ges Betragen im Reden und Umgang nicht vertragen kann. Ist es der Geist der Demuht? Nein! So ist es ein schädlicher Stolz.

gen, ehrlichen, und wahrhaften Redensart, so leicht außer sich gerahten.

8. Immer empfahlen sie S ch w e i g e n durch ihr Beispiel; denn sie haben bei allen Gelegenheiten nur wenig zu sagen. In ihrem Handel sind sie aufs Wort, und wieviel Mühe sich ihre Käuffer auch gegeben haben, so sind sie doch nicht im Stande gewesen, sie durch vieles Reden davon abzubringen; denn sie ziehen die Wahrheit einer hergebrachten Gewohnheit, und ein gutes Beispiel dem Gewinn vor.

Sie suchen die E i n s a m k e i t. Wenn sie sich aber in Gesellschaft befinden, so wollen sie weder selbst unnöhtige und unerlaubte Gespräche halten, noch auch gern von andern anhören. Dadurch erhalten sie ihre Gemühter von unnüzzen Gedanken rein, und werden vor beunruhigenden Zerstreuungen bewahrt. Sie konten auch die in der Welt üblichen Gewohnheiten, daß man gute Nacht, guten Morgen, Gott befohlen ꝛc. zu iemand sagt, nicht beibehalten; denn sie wissen, daß der Morgen gut ist, und die Nacht auch, ohne daß man nöhtig hat es einander zu wünschen; und daß in dem andern Ausdruk der Name Gottes auf eine zu leichte und undankbare Weise im Munde geführt, und folglich gemisbraucht wirb. [8] Ueberdies betrachten sie dergleichen Ausdrükke und Wünsche als leere Zeremonien, wobei eben so wenig gedacht und gemeint wird, als man durch Hutabnehmen und Fußscharren wahre Liebe und Hochachtung an den Tag legt. [9] Weil ihnen nun aller Ueberfluß, sowol in diesen als auch in andern Dingen, zur Last geworden ist,

[8] Wie wenige Menschen bedenken es, daß sie bei einem jeden unbedachtsamen und doch so sehr üblichen adieu den Namen Gottes misbrauchen; und viele wissen nicht einmal daß es mit Gott, oder Gott befohlen heißt.

[9] Wenn die Mannspersonen unter den Freunden öffentlich beten, oder in der Versammlung reden, so halten sie sich unbedekt. Dies Betragen stimmt mit dem, was der Apostel Paulus 1 Cor. 11, 4. vom Verhalten der Christen in ihren Versammlungen sagt, überein. Da sie also durch die Entblößung ihrer Häupter in der Gemeine, zu erkennen geben, daß sie in einer göttlichen Verehrung begriffen sind; so werden ernsthafte Gemühter sie um so viel eher entschuldigen können, daß sie das Hutabnehmen, als eine nur von ehrsüchtigen Menschen ausdrüklich verlangte Zeremonie, nicht mitmachen, und sich auch nicht vor sterblichen Menschen beugen dürfen, wenn sie erwegen wollen, daß beides, das Entblößen des Haupts und das Kniebeugen, in diesem Betracht Merkmale der göttlichen Verehrung sind, die nur dem Schöpfer aber nicht dem Geschöpf gebühret.

so unterlaſſen ſie nicht nur den Gebrauch derſelben, ſondern haben ſich auch zuweilen gedrungen gefunden, andere darüber zu beſtrafen. [10]

9. Aus eben dieſer Urſach haben ſie auch das in der Welt übliche Geſundheitstrinken abgeſchaft, das ſie nicht nur als einen unnöhtigen, ſondern auch ſelbſt in ſeinen Folgen ſchädlichen Gebrauch betrachten; denn die Menſchen werden dadurch gereizt, mehr zu trinken, als ihnen dienlich iſt, und außerdem iſt dieſer Gebrauch ſchon an ſich ſelbſt eitel und heidniſch. [11]

10. Sie haben eine ganz eigene Weiſe ſich zu verheiraten, und die beſondere Sorgfalt, die

[10] Daher entſtand auch ihre ſchlichte und ſchmukloſe Kleidertracht. Nicht aus Hang zum Sonderbaren, oder um ſich dadurch auszuzeichnen; ſondern weil ihnen ſowol die Gleichſtellung der Welt in ihren verderblichen Moden und mannigfaltigen Veränderungen, als auch aller Ueberfluß in Kleidern, wie in andern Dingen, zur Sünde und folglich auch zur Laſt geworden war.

[11] Weil die im allgemeinen üblichen Benennungen der Monate und Tage größtenteils eines abergläubiſchen und abgöttiſchen Urſprungs, und ſowol dem göttlichen Befehl als auch dem Gebrauch guter und heiliger Männer voriger Zeiten zuwider ſind, ſo haben ſie den Gebrauch dieſer Benennungen gleich anfangs abgeſchaft, und unterſcheiden dafür die Namen der Monate und Tage nach der Zalenordnung, wie es in der Schrift gebräuchlich iſt.

fie babei für einander tragen, zeichnet fie von allen andern chriſtlichen Geſellſchaften aus. Sie ſagen, die Ehe ſei eine Verordnung Gottes, und nur Gott könne rechte Ehen ſtiften; daher könten ſie nicht verſtatten, daß eheliche Verbindungen unter ihnen, durch Prieſter oder Obrigkeiten geſchloſſen würden. Die Manns- und Weibsperſon, die ſich ehelich verbinden wollen, nehmen einander in Gegenwart verſchiedener glaubwürdigen Zeugen als Mann und Weib, indem ſie zu gleicher Zeit verſprechen: durch Gottes Beiſtand einander gegenſeitige Liebe und Treue zu erweiſen, bis der Tod ſie trennen würde. Vorhergehend erſcheinen ſie aber vor ihrer monatlichen Verſammlung, die alle Monate für die Geſchäfte der Gemeine gehalten wird, und geben daſelbſt ihr Vorhaben durch eine öffentliche Erklärung zu erkennen, daß ſie nemlich Willens ſeien, ſich ehelich zu verbinden, wenn beſagte Verſammlung nichts dagegen einzuwenden habe. Man legt ihnen allzeit die nöhtigen Fragen vor, z. B. ob ſie ihre Eltern oder Vormünder gehörig von ihrem Vorhaben benachrichtiget, und ob dieſe ihre Einwilligung dazu gegeben haben, u. ſ. w. Es iſt gebräuchlich, daß die Verſammlung dies ſchriftlich anmerkt, und einige wichtige Freunde ernennt, die das Verhalten der

Parteien untersuchen und sich erkundigen, ob sie in Ansehung der Ehe von allen andern Verbindungen frei sind, und (wie oben bemerkt ist) gegen ihre Eltern oder Vormünder ihre Schuldigkeit beobachtet haben; wovon sie sodann in der nächstfolgenden monatlichen Versammlung Bericht abstatten. Findet es sich, daß ihr Verfahren ordentlich gewesen ist, so wird ihr Vorhaben von der Versammlung bewilligt und gehörig registrirt. Ist die Weibsperson eine Witwe und hat Kinder, so wird dahin gesehen, daß sie zuvor wegen der Versorgung ihrer Kinder die nöthige Einrichtung trift, ehe die Versammlung in ihr Vorhaben einwilligt. Hiernächst wird den Parteien angedeutet, daß sie zur öffentlichen Bestätigung ihrer Verbindung, einen bequemen Ort und gelegene Zeit bestimmen, und ihre Verwante, Freunde, und Nachbarn, die sie als Zeugen dabei gegenwärtig zu sehen wünschen, davon benachrichtigen mögen. Hier nehmen sie alsdann einander bei der Hand, und namentlich versprechen beide Parteien einander auf obenerwähnte Weise, gegenseitige Liebe und Treue. Ueber diesen ganzen Vorgang wird sodann erzählungsweise eine Versicherungsschrift abgefaßt, die zuerst von den beiden Parteien durch eigenhändige Unterschrift ihrer Namen bestätigt, und hiernächst von verschiedenen Verwanten und andern zugegen seienden Personen als Zeugen unterschrieben wird. Diese Versicherungsschrift wird hernach in das Urkunden-Buch der Versammlung, wo die Verbindung feierlich vollzogen ist, eingetragen, und gehörig registrirt.

Ein solches Ordnungsmäßiges Verfahren, ist von den Obrigkeiten, — bei denen es einige lästige und übelgesinnte Menschen, wegen Mangel der gewöhnlichen Formalitäten des Priesters mit dem Ringe, u. s. w. haben streitig machen wollen, — für eine rechtmäßige und gültige Eheverbindung erklärt worden, wie sie denn auch zu seyn verdient. Daß aber die Freunde sich jenen gewöhnlichen Zeremonien nicht unterwerfen, geschicht nicht aus Laune oder Eigensinn, sondern aus einem wohlgegründeten Gewissensskrupel; denn erstlich findet sich kein Beispiel in der Schrift, woraus man abnehmen könte, daß vorzeiten die Priester bei den ehelichen Verbindungen ein anderes Geschäft gehabt hätten, als daß sie unter den übrigen, vor denen die Juden einander zur Ehe nahmen, ebenfalls zu Zeugen dienten; und daher betrachten sie diese leeren Formalitäten als eine Aufbürdung, die nur zur Vermehrung des Ansehns und der Einkünfte der Priester dienet. Und was zum andern die Zeremonie mit dem Ringe betrift, so mag es genug seyn, zu sagen: daß es ein heidnischer und eiteler Gebrauch war, der nie unter dem Volk Gottes, weder unter den

Juden noch unter den ersten Christen, Statt hatte. Kurz, in ihrem Verfahren herrscht eine weit größere Sorgfalt, mehr Genauigkeit und Ordnung, als man in irgend einer iezt üblichen Form findet; auch ist es frei von den Beschwerlichkeiten, denen andere Gebräuche unterworfen sind; und da sie so viele und große Vorsicht und Wachsamkeit anwenden, so ist es nicht wohl möglich, daß eine heimliche Heirat unter ihnen geschehen könne.

11. Es scheint mir hier der Ort, etwas von den Geburten ihrer Kinder, und von ihren Begräbnissen zu sagen, welche bei den mehrsten, die sich Christen nennen, so viel Gepränge und kostbare Feierlichkeiten verursachen. Was ihre Geburten betrift, so geben die Eltern den Kindern die Namen selbst. Dies geschieht gemeiniglich einige Tage nach der Geburt der Kinder, in Gegenwart der Hebamme, — wenn sie zugegen seyn kann, — und im Beiseyn der Personen, die bei der Geburt zugegen gewesen sind; die unterschreiben sodann einen zu dem Ende schon abgefaßten Geburtsschein, der das Nöhtige von der Geburt und dem Namen des Kindes oder der Kinder besagt. Dieser Geburtsschein wird alsdann in der monatlichen Versammlung, wovon die Eltern Mitglieder sind, in ein besonders zu-

dem Ende gehaltenes Buch eingetragen, und regiſtrirt. — Uebrigens vermeiden ſie alle bei dergleichen Gelegenheiten gebräuchliche Zeremonien und Luſtbarkeiten. ¹²

¹² Den Gebrauch der Waſſertauffe halten ſie, ſowol bei Kindern als auch bei erwachſenen Perſonen, für unnöhtig. Von der Zeremonie, daß man die kleinen Kinder mit Waſſer beſprengt, oder ihnen in der Abſicht, um ſie dadurch in die chriſtliche Gemeinſchaft aufzunehmen, ein wenig Waſſer auf den Kopf gießt, und zu dem Ende Pahten oder Tauſzeugen (Gevattern) beſtellt, — ſagen ſie: daß es eine hergebrachte Menſchenlehre ſei, die weder Grund noch Beiſpiel in der Schrift habe. Und daß man erwachſene Perſonen mit Waſſer tauffe, oder ſie ins Waſſer tauche, halten ſie aus dem Grunde für unnüz, weil in Chriſto, dem Weſen, alle Figuren und Bilder aufhören; und nachdem er gekommen ſei und die Tauffe des Geiſtes — die ſie nach Eph. 4, 5. mit Paulo für die einzige unumgänglich nöhtige Tauffe halten — eingeführt habe, ſo ſei es eine natürliche Folge, daß bei denen, die dieſe geiſtliche Tauffe Chriſti annähmen und dadurch in ſeinen Tod getauft würden, die Schatten und Bilder weichen, und dem Weſen den Plaz einräumen müſſen; obgleich in der Kindheit der erſten Kirche die Waſſertauffe Johannis, die ein Vorbild der Geiſtestauffe Chriſti war, teils aus groſer Anhänglichkeit an das glänzende Amt dieſes Vorläufers Chriſti, teils aus Herablaſſung gegen die Schwachen, eine Zeitlang ſei beibehalten und fortgeſezt worden.

12. Bei ihren Begräbnissen beobachten sie eben=
dieselbe Einfalt. Wenn der Leichnam nicht weit

Den Befehl Christi Math. 28, 19. wo er zu sei=
nen Jüngern sagte: "Gehet hin, lehret alle Völker,
"und tauffet sie," u. s. w. legen sie nicht als einen
Befehl zur Wassertauffe aus; weil erstlich hier gar
nichts vom Wasser gedacht ist, und zweitens im Grund=
text auch nicht stehet: Βαπτιζοντες αυτες εν τω
ονοματι, tauffet sie, im Namen; sondern εις το
ονομα, in den Namen, u. s. w. Hieraus nehmen
sie, daß die Apostel die Völker in den Namen, das ist,
in die Kraft und Macht des Vaters u. s. w. tauffen
oder eintauchen sollten. Und bei andern Stellen, wo
z. B. vom "Wasser und Geist" die Rede ist, verstehen
sie eben so wenig natürliches Wasser, als sie bei den
Worten: "der wird euch mit dem heiligen Geist und
"mit Feuer tauffen," natürliches Feuer verstehen.

Aus ähnlichen Gründen unterlassen sie den Ge=
brauch des Brods und Weins, der gemeiniglich das
Abendmal genennet wird. Sie sagen: Daß die Ge=
meinschaft des Leibes und Blutes Christi innerlich und
geistlich sei; und durch das Teilhaftigwerden seines
Fleisches und Blutes, werde der innere Mensch täglich
in den Herzen der wahren Gläubigen genähret. Dies
sei das geistliche Abendmal wovon Christus redete, als
er sagte: "Siehe ich stehe vor der Tühr und klopfe
"an, wenn iemand meine Stimme hören und die Tühr
"äfnen wird, zu dem werde ich eingehen und Abend=
"mal mit ihm halten, und er mit mir;„ wovon das

von einem öffentlichen Versammlungsorte entfernt
ist, so wird er, zu desto größerer Bequemlichkeit

Brodbrechen Christi mit seinen Jüngern nur ein Bild
war. Und wiewol dieses unter den ersten Christen, aus
Herablassung gegen die Schwachen eine Zeitlang sei beibehalten worden, so sei doch der Genuß des himmlischen
Brods und des neuen Weins des Himmelreichs, womit
die Seelen der Gläubigen täglich gespeiset werden, keinesweges daran gebunden; denn dieser Gebrauch sei
nach Christi eigenen Worten: "Dies tuht zu meinem
"Andenken," nicht als ein Mittel zum Teilhaftigwerden des Fleisches und Blutes Christi eingeführt, und in
dieser Absicht auch nicht unter den ersten Christen gehalten worden; wie aus des Apostels Worten: "So oft
"ihr von diesem Brod esset, und diesen Becher trinket,
"sollt ihr des Herrn Tod verkündigen, bis daß er kommt,"
deutlich erhelle. Wo nun Christus in seinem Licht und
Geist, worin er in den Herzen der Menschen erscheinet,
aufgenommen, und also das Wesen der vorgebildeten
Sache erlangt würde, da sei die Fortsezzung solcher Gebräuche unnöhtig.

Von einigen verständigen Leuten würde man auf
die Frage: warum sie das Gebot vom Fußwaschen, das
noch viel ernstlicher als der Gebrauch des Brods und Weins
geboten ward, nicht beobachteten, — vielleicht zur Antwort erhalten: daß sie es nur als ein Bild betrachteten,
wodurch unser Heiland seinen Nachfolgern habe zeigen
wollen, daß sie einander dienen, und bereit seyn sollten,
wenn es die Noht erforderte, einander auch die gering-

derer, die ihn zur Beerdigung begleiten wollen, gemeiniglich zuvor dahin getragen. Hier geschiehet es zuweilen, daß während der Zeit, in der man sich zur Beerdigung versammlet, einer oder der andere den Anwesenden ein Wort der Ermahnung zu sagen hat. Sodann wird der in einem schlichten, unbehängten, und ungezierten Sarge

sten und schlechtesten Liebespflichten zu erweisen; daher sei die äußere Zeremonie, einander wirklich die Füße zu waschen, keineswegs als eine Verbindlichkeit anzusehen, in sofern man nur den geistlichen Sinn derselben erfüllte. Und ich glaube, wenn die Protestanten diesen Gebrauch nicht nachgelassen, und ihren Kindern von der Wiege an die Begriffe eingeprägt hätten, daß niemand, ohne ihn zu beobachten, wahrhaft demühtig und dienstfertig seyn könne, — wie sie allzeit beflissen gewesen sind zu lehren: daß man in, mit, unter, oder bei dem Brod und Wein den wahren Leib und das wahre Blut Christi genieße; — so würde man noch heute die Abschaffung des Fußwaschens für eben so irrig halten, als man größtenteils die Unterlassung der Zeremonie des Brods und Weins verketzert; wiewol es augenscheinlich am Tage liegt, daß durch den Gebrauch des leztern eben so wenig das neue Leben, die Frucht des wirklichen Genusses der himmlischen Speise, erlangt wird, als durch die Unterlassung des ersteren, wahre Demuht und Dienstfertigkeit verloren geht. Der vielen Zänkereien, die unter den verschiedenen Religionsparteien über diese Dinge entstanden sind, zu geschweigen.

liegende Leib des Verstorbenen, von iungen Leuten, oder auch von einigen Nachbarn oder mit dem Verstorbenen vertraut gewesenen Freunden, zur Beerdigung getragen. Auf dem Begräbnißplazze wird, ehe man den Leichnam in die Gruft senkt, wieder eine Pause gemacht; damit, wenn etwa iemand eine Ermahnung an die Umstehenden mögte vorzubringen haben, er dazu Gelegenheit finde; damit ferner die Angehörigen des Verstorbenen desto ruhiger und feierlicher ihren lezten Abschied von der Leiche ihres verblichenen Verwandten nehmen können; und damit endlich auch die Zuschauer Gelegenheit haben, sich der Sterblichkeit zu erinnern, und ihr eigenes lezteres Ende zu bedenken. Uebrigens halten sie sich zur Beobachtnng gewisser bestimmten Gebräuche oder Zeremonien bei dergleichen Gelegenheiten nicht verbunden; auch tragen die Verwandten der Verstorbenen keine Trauerkleider. Sie betrachten diesen Gebrauch als eine leere Zeremonie und als ein weltliches Gepräng, und glauben, daß die Trauer, die sich für einen Christen beim Hingang seines geliebten Verwandten oder Freundes schikt, im Herzen müsse getragen werden, das allein einen solchen Verlust empfinden kann. Ueberdies ist das der beste äußere Beweis, den man von seiner Liebe zu ihnen und ihrem Andenken nur an den Tag legen kann: daß man ihrem Raht folgt, sich ihrer Hinterlassenen annimt, und das liebt was sie liebten. ¹³

¹³ Vor dem Beschluß dieses Abschnitts verdient noch angemerkt zu werden, daß die Freunde keinen Unterschied der Tage halten, weil sie glauben, daß in den Augen Gottes alle Tage gleich heilig sind. Daher halten sie sich zu keiner abergläubischen Beobachtung der Festtage und Jahrszeiten verbunden. Auch glauben sie nicht, daß auf dem ersten Tage der Woche, (der gemeiniglich der Tag des Herrn genennet wird,) eine besondere Heiligkeit ruhe, als wozu auch kein Grund in der Schrift zu finden ist; denn man wird weder behaupten wollen, daß der jüdische Sabbat noch immer fortdaure, noch annehmen können, daß der erste Tag der Woche das Gegenbild davon, oder der wahre Sabbat der Christen sei, der eine weit geistlichere Bedeutung hat. Weil sie aber erstlich für nöhtig halten: daß eine gewisse Zeit festgesetzt sei, in der die Gläubigen sich versammlen, um gemeinschaftlich auf den Herrn zu harren, und sowol zur Vollziehung des wahren Gottesdienstes im Geist und in der Wahrheit, als auch zur Erfüllung ihrer Pflichten, — sich unter einander zu ermahnen, zu erbauen, zu trösten, und ein öffentliches Zeugnis für die Wahrheit, die sie bekennen, gegen den Geist der Verfolgung aufrecht zu erhalten, — auf den Einfluß des Geistes Jesu Christi zu warten; zweitens, weil es nüzlich ist, daß sie sich zu Zeiten ihren andern äusern Geschäften entziehen; drittens, weil es der Vernunft und Billigkeit gemäs ist, daß sowol die Menschen als auch die Tiere zu Zeiten

So unmodisch und altväterisch nun dieses ihr Betragen auch immer seyn mag, so wird doch von dem Wesentlichen der Dinge nichts dadurch versäumet oder unterlassen; und da dies gerade das Ziel ihrer Bemühungen ist, so beobachten sie eine solche Einfalt im Leben mit großer Zufriedenheit; wiewol sie deshalb oft den Spöttereien der eiteln Welt, in der sie leben, ausgesezt sind.

Alle diese Dinge gaben ihnen freilich, (besonders im Anfang) bei den mehrsten ein grobes und unangenehmes Ansehen. Es schien, als wolten sie die Welt umkehren, und in gewissem Verstande war es auch wahr genug; iedoch in keinem andern, als worin auch Paulus damit beschuldigt ward, nemlich, daß sie die Dinge in ihre erste und rechte Ordnung zurück zu führen suchten; denn daß sie sich in diesen und andern ähnlichen Dingen so betrugen, geschah nicht

von ihrer beständigen Arbeit sich erholen müssen; und endlich, weil es bekannt ist, daß die Apostel und ersten Christen den ersten Tag der Woche zu diesem Endzweck gebrauchten; so finden sie, — ohne dem Aberglauben und den Menschengeboten etwas einzuräumen, — schon hinlängliche Beweggründe, auch hierin dem Beispiel der ersten Christen zu folgen, und am ersten Tage der Woche sich ihrer äußern Berufsgeschäfte zu enthalten.

aus einer eigensinnischen Laune, oder um sich
dadurch von andern zu unterscheiden, wie einige
sich eingebildet haben; sondern es war die Frucht
eines innern Gefühls, das Gott durch seine heilige Furcht in ihnen hervorgebracht hatte. Sie
suchten nicht, wie sie der Welt nur widersprechen, oder sich als eine Partei auszeichnen wolten. Dies war eben so wenig ihre Absicht, als
es ihr Vorteil seyn konnte. Nein, es war keinesweges der Erfolg eines ausgedachten Plans,
um als Neuerungsmacher in der Welt aufzutreten, oder Spaltungen anzurichten; sondern da
ihnen Gott ein Erkenntnis ihres eigenen Zustandes gegeben hatte, so sahen sie die ganze Welt
in diesem Spiegel der Wahrheit, und konten sowol die Neigungen und Leidenschaften der Menschen, als auch den Ursprung und das Abzielen
der Dinge in der Welt, genau unterscheiden.
Sie sahen, was es eigentlich für Dinge sind,
die "das Verlangen der Augen, die Lüste des
"Fleisches, das hochmühtige üppige Leben," und
alles, "was nicht vom Vater sondern von der
"Welt ist," nähren und begünstigen; denn hieraus entsprangen, in der Finstern Nacht des Abfalls, — die sich, durch die Abweichung der Menschen von dem Licht und Geiste Gottes, über die
Völker verbreitet hat, — alle die vielen eiteln Mo-

den und Gebräuche, die vermittelst des himmlischen Tages, den Jesus Christus in der Sele hervorbrechen läßt, entweder als ursprünglich bös, oder als mit der Zeit durch den Misbrauch schädlich gewordene Dinge, erkannt werden; und obgleich diese Dinge vielen Menschen so unbedeutend und geringfügig scheinen, daß sie die Freunde wegen Abschaffung derselben sogar des Geizes und Eigendünkels beschuldigt haben; so waren sie doch allzeit, und sind noch iezt, von weit wichtigern Folgen, als man bisher geglaubt hat.

Es war in der Taht für unsere ersten Freunde keine leichte und geringe Sache, sich auf die Art, als ein Schauspiel der Leute, der Verachtung und dem Gelächter der Welt auszusezzen. Sie konten es leicht voraussehen, daß dies die Folge eines Betragens seyn würde, das iedermann fremd und sonderbar vorkommen müste. Allein gerade in dieser töhrichten Gestalt taht sich die göttliche Weisheit hervor; denn erstlich ward dadurch offenbar, wie viel Vergnügen die Menschen in den Moden und Zeremonien dieser Welt finden, und wie sehr sie, ungeachtet ihrer hohen Ansprüche auf eine andere Welt, daran hangen und kleben: weil sie eine kleine Verkürzung derselben so hoch ahndeten, daß auch die größte Ehrlichkeit, Tugend, Weisheit und Geschicklichkeit, entblöst von diesen Zeremonien, bei ihnen nichts galt. Zum andern brachte sie eine erwünschte und nüzliche Scheidung im Umgang zuwege; denn da auf der einen Seite ihre Gesellschaft durch ein so ungewohntes Betragen ihren Anverwanten und Bekannten lästig ward, so verschafte es ihnen auf der andern eine desto bekwemere Gelegenheit zur Stille und Einsamkeit, wo sie eine bessere Gesellschaft antrafen: den Herrn ihren Gott und Erlöser, in dessen Liebe, Kraft, und Weisheit, sie zunahmen, und dadurch immer geschickter zu seinem Dienst gemacht wurden, wie der Erfolg überflüßig gezeigt hat; — gelobet sei der Name des Herrn!

Wiewol sie nun in den Augen der Welt weder groß noch gelehrt waren, — denn in diesem Fall würd' es ihnen an Nachfolgern, die ihnen auf ihr Wort und Ansehn gefolgt wären, nicht gemangelt haben, — so bestand dennoch ihre Gesellschaft überhaupt, aus den ehrbarsten und ernstlichsten Mitgliedern der verschiedenen Bekenner des Christentums, die der Religion wegen am meisten geschäzt waren, und nicht wenige unter ihnen waren Leute von Fähigkeiten, von Wohlhabenheit und Ansehn unter den Menschen.

Es fehlte auch einigen weder an natürlichen Anlagen und Kenntnissen, noch an zeitlichen Gütern und Einkünften; wiewol iedoch auch damals, wie vor Zeiten, wenige Weise, oder Edle ꝛc. berufen waren, oder vielmehr den Ruf annahmen, weil sie das Kreuz, womit ein aufrichtiges Bekenntnis begleitet seyn würde, voraussahen. Auch sind Leute, die natürliche Gaben und Wissenschaften besizzen, darum keine bessere Christen, wiewol sie daher desto bessere Redner und Wortstreiter seyn mögen. Wenn aber die Menschen die Gabe Gottes besser kennten, so würde dieser allgemeine und gefährliche Irrtum vermieden werden. Teorie oder Einsicht und wirkliche Erfahrung, Betrachtung und Genuß, Worte und Leben, sind sehr verschiedene Sachen. Der Bereuende der sein Leben bessert, der Demühtige und Wachsame, der sich selbst Verleugnende der reines Herzens ist, dieser ist der wahre Christ. Und diese Gestalt ist die Frucht und das Werk des Geistes, der das Leben Jesu ist, und dessen Leben, — obgleich in seiner Fülle in Gott dem Vater verborgen, — sich gleichwol in die Herzen der wahren Gläubigen, nach eines ieden Fähigkeit, ergießt.

O möchten' doch die Menschen diese himmlische Gabe erkennen, die ihre Herzen reinigen, beschneiden, beleben, und sie in der Taht zu neuen Geschöpfen machen würde, die nach Christo Jesu zu guten Werken umgeschaffen wären; damit sie für Gott und nicht für ihnen selbst leben, und dem lebendigen Gott auch lebendige Gebete und lebendiges Lob durch seinen lebendigmachenden Geist darbringen mögten: denn er will, in diesen Tagen des herrlichen Evangeliums, nur im Geiste verehrt und angebetet seyn.

O wie sehr wünsche ich, daß alle, die mich lesen, mich auch fühlen mögten; denn mein Herz ist von der großen Barmherzigkeit des Vaters der Lichter und Geister, womit er diese arme Völkerschaft und die ganze Welt heimsucht, durch ebendasselbe Zeugnis des Geistes zärtlich gerührt. Warum sollten die Einwohner des Landes dieses Zeugnis verwerfen? — Warum sollten sie die gesegnete Wohltaht desselben verlieren? — Warum sollten sie sich nicht von ganzem Herzen zum Herrn bekehren, und aufrichtig zu ihm sagen: rede Herr, denn deine armen Knechte hören iezt! O dein Wille, dein großer, guter, und heiliger Wille geschehe, auf der Erde wie im Himmel. Tue ihn selbst in uns, verrichte ihn durch uns, ia mache mit uns was du willst; denn wir sind dein, und wünschen dich, unsern Schöpfer, zu verherrlichen: weil du nicht allein unser Schöpfer sondern auch unser Erlöser bist, der uns von der Erde, von der Eitelkeit, und vom Verderben der Welt erlöset, um uns zu deinem besondern Volk zu machen. — O welch ein herrlicher Tag würde dies für England seyn, wenn es so in Wahrheit sagen könnte! Aber, ach, der Fall ist anders! — Und darum haben einige von deinen Einwohnern, O mein geliebtes Vaterland, mit schmerzhaftem Wehklagen über dich getrauert, und bitterlich geweint. Ihre Häupter sind als Wasserbrunnen und ihre Augen wie Tränenquellen gewesen, da sie deine Uebertretungen und deine Halsstarrigkeit angesehen haben, daß du den Herrn nicht hören, ihn nicht fürchten willst; daß du nicht wiederkehren willst zu dem Felsen, ia zu deinem Felsen, O England, aus dem du gehauen bist. O laß dich warnen, du Land von großem Bekenntnis, ihn in dein Herz aufzunehmen. Siehe! wie lange er schon vor dieser Tühr stehet und anklopft, und dennoch willst du nichts von ihm wissen. O erwache! damit nicht Jerusalems Gerichte dich schnell überfallen, weil Jerusalems Sünden in dir überfließen: denn sie war reich an Beobachtung leerer Zeremonien, aber die wichtigen Stükke des Gesezzes Gottes versäumte sie; so bist auch du, und so machst du es täglich.

Sie widerstand dem Sohn Gottes im Fleisch, als er Mensch geworden war, und du widerstehest dem Sohn Gottes im Geist, da er sich innerlich offenbaren will. Er würde sie versammlet haben, wie eine Henne ihre Jungen unter ihre Flügel versammlet, aber sie wollte nicht; so wollt' er auch dich aus deinen leblosen Zeremonien sammlen, und zum Genuß des Wesens bringen, daß du seine Kraft und sein Reich erkannt hättest. Zu dem Ende hat er oft von innen durch seine Gnade und seinen Geist, und von aussen durch seine Knechte und Zeugen, an deinen Tühren angeklopft; aber so wie Jerusalem vorzeiten den Sohn Gottes, als er sich im Fleisch offenbarte, verfolgte und kreuzigte; so wie sie seine Knechte geisselte und ins Gefängnis warf; eben so hast auch du, O England, den Herrn des Lebens und der Herrlichkeit von neuem gekreuzigt, seinen Geist und seine Gnade verschmähet, die väterliche Heimsuchung gering geschäzt, und seine Werkzeuge durch deine Gesezze und Obrigkeiten verfolgt. Wiewol sie dich früh und spät, in der Kraft und durch den Geist des Herrn, in Liebe und Sanftmuth, ermahnet haben, daß du den Herrn erkennen, ihm dienen, und die Herrlichkeit aller Völker werden mögtest.

Allein du hast sie übel aufgenommen, und es ihnen schlecht vergolten. Du hast all' ihren

Raht verworfen, und ihre Bestrafungen, die du hätteſt ſollen annehmen, haſt du verachtet. Ihr Anſehen war zu verächtlich und ihre Geſtalt zu gering für dich, daß du ſie hätteſt aufnehmen ſollen; und hierin haſt du es eben wie vorzeiten iene Juden gemacht, welche riefen: "Iſt dieſer nicht des Zimmermanns Sohn, und "ſind nicht ſeine Brüder unter uns? Glauben "auch die Weiſen, die Schriftgelehrten, (die "Ortodoxen) an ihn?" —

Man prophezeiete, daß der Fall unſerer Freunde in einem oder ein Paar Jahren erfolgen würde, und damit dieſe Prophezeiung deſto gewiſſer in Erfüllung gienge, machte man ſtrenge Geſezze, durch deren Ausübung man ſie, entweder von ihrem heiligen Wege abzuſchrekken, oder, wenn ſie darin getreu bleiben würden, gänzlich zu zerſtören ſuchte. Aber du haſt geſehen, wie viele Regierungen, die ſich gegen ſie aufgeworfen und ihren Untergang beſchloſſen hatten, geſtürzt und zernichtet worden; da hingegen ſie, bis auf dieſen Tag erhalten, und unter dem Mittelſtande deiner zalreichen Einwohner zu einem großen und beträchtlichen Volk geworden ſind; und wiewol ſie, ſeit der ewige Gott und Herr ſie geſammlet und vereinigt hat, ſowol von innen als von auſſen, ſehr viele Schwierigkeiten haben übersteigen müssen, so vermehret sich doch ihre Anzal noch von Tage zu Tage, und der Herr füget in verschiedenen Gegenden noch immer einige hinzu, die selig werden sollen, wenn sie bis ans Ende beharren.

Sie waren, und sind iezt noch, in deiner Mitte, O England! und für die Völker um dich her, als eine Standarte errichtet, und wie eine Stadt die auf einem Berge liegt; damit du in ihrem Licht das Licht sehen mögtest, nämlich in Christo Jesu, der das Licht der Welt, und also auch dein Licht und Leben ist: wenn du nur deine vielen bösen Wege verlassen, es annehmen, und seiner Ueberzeugung folgen woltest: "denn "die Völker, welche selig werden, müssen in dem "Licht des Lammes wandeln," wie die Schrift bezeuget.

Bedenke, O Volk! das so große Ansprüche auf Religion macht, wie oft der Herr, seit dem Anbruch der Religionsverbesserung, dir seine Gnade angeboten, betrachte die mannigfaltige Barmherzigkeit und die vielen Gerichte, wodurch er bisher zu dir geredet hat, und erwache! — Stehe auf, aus deinem tiefen Schlaf, und höre noch sein Wort in deinem Herzen, damit du leben mögest.

Laß diesen deinen Tag der Heimsuchung nicht vorüber gehen, und versäume nicht ein so großes Heil, das in deinem Hause eingekehret ist. O England, warum willst du sterben? Land, das der Herr zu segnen begehret, sei versichert, daß Er es ist, der unter diesem Volk in deiner Mitte erscheinet. Glaube nicht, daß es Betöhrung und Blendwerk ist, wie deine betrogenen Lehrer dich überredet haben. Und hievon wirst du dich aus ihren Früchten leicht selbst überzeugen können, wenn du sie mit unparteiischem Geiste prüfen willst.

Dritter Abschnitt.
Von der Beschaffenheit ihres Kirchendiensts; eilf Kennzeichen beweisen das er christlich ist.

1. Sie waren zuvor selbst veränderte Menschen, eh' sie es unternahmen andere zu ändern. Ihre Herzen waren nicht minder zerrissen als ihre Kleider, und sie kannten die Kraft und das Werk Gottes aus eigner Erfahrung. Die große Veränderung, die dadurch bei ihnen hervorgebracht ward, ihr genauerer Lebenswandel und ihr gottesfürchtigeres Betragen, gaben hievon einen redenden Beweis.

F

2. Sie giengen nicht hin, und predigten in ihrer eigenen Zeit, und nach ihrem Willen, sondern nach dem Willen Gottes. Dann brachten sie aber keine selbst ausstudirte Sachen hervor, sondern was ihnen vom Geist Gottes gegeben ward, und wie er sie bewegte, so redeten sie; denn sie hatten seine Wirkungen in ihrer eigenen Bekehrung kennen gelernt, welches fleischlich gesinnten Menschen unmöglich so deutlich erkläret werden kann, daß sie sich einen hinlänglichen Begrif davon machen könnten. Diesen ist es, wie Christus sagte: "gleich dem Sausen des Win= "des, wovon niemand weis, woher er kommt, "oder wohin er fährt." Daher war ihre Predigt dergestalt mit Kraft und Nachdruck begleitet, daß viele dadurch von ihren bösen Wegen abgekehret, und zu einer innern Erfahrungserkenntnis Gottes und zu einem heiligen Leben gebracht wurden, welches Tausende bezeugen können. Und so wie sie das, was sie sagen solten, vom Herrn umsonst empfiengen, so teilten sie es auch andern unentgeltlich wieder mit.

3. Der Beweggrund und Hauptgegenstand ihres Kirchendienstes bestand darin: daß die Menschen mögten zu Gott bekehret, wiedergeboren, und geheiligt werden. Sie hatten nicht die Absicht, ein neues Lehrgebäude zu errichten, oder

eine neue Form des Gottesdienstes einzuführen, sondern vielmehr, die Religion von den überflüßigen leeren Zeremonien zu entkleiden und zu reinigen, und den wesentlichen, nöhtigen, und für die Sele nuzbaren Endzwek derselben, ernstlich und dringend zu empfehlen. Dies müssen auch alle, die diesen Gegenstand ernsthaft betrachten wollen, eingestehen.

4. Sie wiesen ihre Zuhörer auf ein göttliches Prinzipium oder Grundwesen, das sich in ihnen befände, wiewol sie es nicht von sich selbst hätten, wodurch alles, was sie behaupteten und predigten, und wozu sie andere ermahnten, in ihnen selbst könnte gewirket werden; so daß sie aus eigener Erfahrung die Wahrheit davon erkennen könnten. Dies ist ein vorzügliches Kennzeichen der Wahrheit ihres Zeugnisses; denn es sezt voraus, daß sie erstlich von der Lehre die sie verkündigten, selbst Erfahrung hatten, und zum andern sich auch nicht fürchteten, es dabei auf die Probe ankommen zu lassen. Ihre Freimühtigkeit war auf Gewißheit gegründet, und sie verlangten nicht, daß man ihnen auf ihr menschliches Ansehn glauben und sich deswegen der Lehre die sie verkündigten gemäß bezeigen sollte, sondern daß man der innern Ueberzeugung folgen mögte;

nämlich, der Ueberzeugung des göttlichen Prinzipiums, das in den Menschen, denen sie predigten, wäre, und wozu sie alle anwiesen, damit sie die Wirklichkeit von dem, was sie ihnen von seiner innerlichen Offenbarung und Wirkung bezeuget hatten, selbst prüfen und erkennen mögten.

Dies ist mehr, als worauf die vielen andern Prediger in der Welt Anspruch machen können. Sie handeln zwar auch von der Religion, sagen auch viele an sich wahre Sachen, von Gott, von Christo und seinem Geiste, von der Heiligung, vom Himmel, und daß alle Menschen Buße tuhn und ihr Leben bessern müßten, oder sie würden verloren gehen, u. s. w. Allein welcher unter ihnen kann behaupten, daß er aus eigener Erkenntnis und Erfahrung rede. Hat ie einer von ihnen seine Zuhörer zu dem göttlichen Samen angewiesen, der von Gott in den Menschen gelegt ist, um ihm zu helfen? Oder hat ie einer von ihnen angezeigt, woran man dieses Prinzipium oder wirkende Grundwesen, diesen göttlichen Trieb und Samen kennen könne, und wie man auf die Empfindung seiner Kraft und Wirkung zur Vollbringung des guten und wohlgefälligen Willen Gottes, warten müsse?

Einige unter ihnen haben zwar von dem Geiste und von seinen Wirkungen zur Heiligung und Verrichtung des Gottesdienstes geredet; aber wo, und wie er zu finden wäre, und wie man auf seine innerliche Bewegung zur Beobachtung seiner Gott schuldigen Pflichten, harren und warten müsse, dies war noch immer ein Geheimniß, dessen Entdekkung dieser fernern Verbesserung vorbehalten war.

Daher geschah' es nicht mit blos erlernten Worten, daß sie auf Sinnesänderung, Bekehrung, und Heiligung drangen, sondern aus einer Erkenntniß und Erfahrung die sie selbst davon hatten. Sie wiesen ihre Zuhörer zu einem zureichenden Mittel an, und sagten ihnen auch wo es wäre, an was für Merkmalen sie es erkennen, und wie sie zur seligen Erfahrung seiner Kraft und mächtigen Wirkung in ihnen selbst gelangen könnten. Dies ist mehr als Teorie oder Einsicht, Nachsinnen, Betrachtung, worauf die mehrsten andern Prediger sich verlassen. Hier ist Gewißheit, ein sicherer Grund, auf den man sich dreist verlassen und am großen Gerichtstage mit Zuversicht vor Gott erscheinen kann.

5. Ein entscheidender Beweis der Kraft ihres Prinzipiums, und daß sie nicht nach ihren Einbildungen und Glossen, oder nach ihren selbst verfertigten Auslegungen über die Schrift, son-

bern durch die Kraft dieses göttlichen Grundwesens predigten, ist der: daß sie in ihrer Predigt den innern Zustand der Menschen erreichten, und mit ihren Worten in die Herzen derselben eindrangen. Denn nichts ist vermögend das Herz zu erreichen, als was vom Herzen kommt, oder nichts durchschneidet das Gewissen, als was von einem lebendigen Gewissen entspringt. Daher hat es sich oft zugetragen, daß einige Personen, — die einem oder dem andern Freunde ihren innern Zustand als ein Geheimniß entdekt hatten, um ihren Raht oder etwa einige Erleichterung zu erhalten, — in der Predigt dieser Diener so genauen und ihrem Zustande so angemessenen Unterricht empfiengen, daß sie ihre Freunde der Verwahrlosung ihrer Geheimnisse beschuldigt und gemeint haben, sie hätten den Predigern ihren Zustand entdekt, da indessen mit diesen kein Wort davon geredet war. Ja vielen sind dadurch ihre eigenen Gedanken und geheimsten Bewegungen des Herzens so genau entdekt worden, daß sie, voll Verwunderung über diese inwendige Erscheinung Christi, mit Nathanael ausgerufen haben, "Du bist der Sohn Got= "tes, du bist der König von Israel!" Und alle, die dieses göttliche Prinzipium angenommen haben, müssen auch gestehen, daß sie seine Wahrhaftigkeit und Göttlichkeit an eben den Merkmalen erkannt haben, woran das samaritische Weib merkte, daß Christus, als er auf Erden wandelte, der Messias war, nämlich: "daß es ihnen "alles, was sie ie getahn hatten, gesagt," ihnen ihren innern Zustand entdekt, die verborgensten Geheimnisse ihrer Herzen geoffenbaret, sie mit Gerechtigkeit gerichtet, und ihnen die wahre Anbetung im Geist und in der Wahrheit gelehret hatte; welches, selbst heute an diesem Tage, Tausende bezeugen können. So daß die Freunde nie etwas von der Kraft und Eigenschaft dieses himmlischen Prinzipiums behauptet haben, was nicht alle, die es angenommen, in noch weit grösserm Maas wahr befunden hätten; ia sie haben gern gestanden, daß ihnen nicht die Hälfte von dem, was sie von der Allmacht, Reinheit, Weisheit und Güte Gottes darin erkannt hätten, vorher wäre gesagt worden.

6. Dieses göttliche Grundwesen erteilte verschiedenen unter ihnen, selbst denen vom niedrigsten Stande, solche vortrefliche Gaben zur Verrichtung ihres Dienstes, und gab einigen einen so außerordentlichen Verstand in göttlichen Dingen, nebst einer bewunderungswürdigen Geläufigkeit und einnehmenden Art sich auszudrükken; daß nicht wenige darüber erstaunten, und ähnlichermaßen von ihnen sagten, was ehemals von ihrem

Herrn und Meiſter geſagt ward: "Iſt nicht dieſer "der Sohn jenes Handwerkers? Woher hat er denn "dieſe Gelehrſamkeit?" Andere geriethen daher ſogar auf den Argwohn, daß ſie verſtellte Jeſuiter wären; weil dieſe Leute ſchon länger als ein Jahrhundert in dem Ruf einer großen Gelehrſamkeit ſtanden; wiewol für eine ſolche Anſchuldigung auch nicht der geringſte Grund zur Wahrſcheinlichkeit zu finden war: denn man kannte ihre Prediger, ihre Wohnpläzze, ihre Verwandte und Erziehung.

7. Ihre Entſtehung war, wie die der erſten Chriſten, demühtig, verachtet, gehaßt; und ihr Fortgang ward keineswreges durch Hülfe irdiſcher Weisheit und Gewalt unterſtüzt, wie man zum Teil von frühern Verbeſſerungen ſagen kann. Man kann im Gegenteil von ihnen behaupten, daß ſie unter dem Kreuz, und unter beſtändigem Widerſpruch gegen die Wege, Gottesdienſte, Moden und Gebräuche dieſer Welt, ia gegen Wind und Wetter ſind durchgebracht worden; damit vor Gott ſich kein Fleiſch rühmen möge.

8. Auch wird man nicht ſagen können, daß ſie ihre eigenen Abſichten hatten, warum ſie ſich der Verachtung und Mishandlung der Welt ausſezten, und beides ihr Vermögen und ihre Kräf-

te verschwendeten; denn sie verließen Weib und Kinder, Haus und Güter, ia alles was dem Menschen nur teuer und angenehm ist, und trugen ihr Leben gleichsam in ihren Händen, indem sie täglichen Gefahren ausgesezt waren, um diese erstere, und durch den Geist Gottes in ihnen erneuerte Botschaft zu verkündigen; nämlich:

"Daß Gott Licht, und in ihm ganz und "gar keine Finsternis ist; und daß er seinen Sohn "zum Licht in die Welt gesandt hat, um alle "Menschen zur Seligkeit zu erleuchten. Daß "diejenigen, welche sagen, sie haben Gemeinschaft "mit Gott und seien seine Kinder und sein Volk, "dabei aber dennoch in der Finsternis (d. i. im "Ungehorsam gegen das Licht in ihren Gewissen "und nach der Eitelkeit dieser Welt) wandeln, — "lügen, und wider die Wahrheit sündigen. Daß "aber alle, die das Licht lieben, ihre Werke an "dasselbe bringen, und im Licht wandeln, weil "Gott selbst das wahre Licht ist, — durch das "Blut Jesu Christi seines Sohnes von allen Sün"den solten gereinigt werden." Joh. 1. 4, 19. Kap. 3. 20, 21. 1 Joh. 1. 5, 6, 7.

9. Ihre große Standhaftigkeit und Geduld, die sie in ihren Leiden wegen aller Stükke ihres christlichen Zeugnisses bewiesen, ist zu bewun=

bern. Sie wurden geschlagen, zerstoffen, lange Zeit in gedrängten Gefängnissen gehalten und in ekelhafte Kerker eingeschlossen; so daß oft der Tod ihre Leiden endigte. Viere von ihnen wurden in Neu=England durch die Hand des Henkers hingerichtet, blos weil sie unter den Einwohnern dieses Landes geprediget hatten. Fast überall wurden viele des Landes verwiesen, ihrer Güter beraubt, geplündert, — u. s. w. Es würde schwer seyn ihre mannigfaltigen Leiden zu beschreiben, allein viel schwerer noch würden sie von ihnen zu ertragen gewesen seyn, wenn sie nicht die Unterstüzzung einer guten und gerechten Sache gehabt hätten. Daher schlugen sie auch alle ungeraden Mittel und Wege zu ihrer Befreiung aus, so oft sie ihnen nur angeboten wurden.

10. Sie bezeigten nicht nur gar keine Neigung zur Rache, sondern vergaben auch ihren grausamen Feinden gern und willig; selbst dann, wenn sie die Gelegenheit sich zu rächen in Händen hatten. Und so gaben sie denen ein Beispiel der Barmherzigkeit, die selbst keine für sie hatten.

11. Ihr Betragen gegen diejenigen, die in ihren Händen Gewalt hatten, war, nach dem Beispiel der alten Propheten, einfältig und gerade. Sie fürchteten sich nicht, ihnen ihre heimlichen

und öffentlichen Sünden ins Gesicht zu sagen. Selbst auf dem Gipfel ihrer Größe und Herrlichkeit, verkündigten sie ihnen ihren Fall, und die Betrübnis die auf sie wartete. Einige Gerichte die das Land treffen würden, sagten sie ganz ausdrücklich vorher; z. B. die Pest, und das Feuer in London, nebst noch andern besondern Gerichten, die sie den Verfolgern ankündigten. Der Erfolg bestätigte die Wahrheit dieser Prophezeiungen, und die besondern Gerichte dienten, an den Orten wo sie geschahen, zu merkwürdigen Beispielen; wovon mit der Zeit zur Verherrlichung Gottes ein Mehreres könnte bekannt gemacht werden.

Hier, mein Leser, hast du nun eine Abbildung von diesem Volk, in Ansehung ihrer Entstehung, ihrer Grundsäzze, ihres Kirchendienstes [14]

[14] Vom Kirchendienst der Weibspersonen verdient noch angemerkt zu werden: daß die Freunde, weil Mann und Weib in Christo Jesu nur Eines sind, und der Herr seinen Geist sowol dem einen als der andere giebt, dafür halten, daß es einer Weibsperson, wenn sie vom Geiste Gottes zum öffentlichen Dienst des Evangeliums bereitet und bewegt werde, keinesweges unerlaubt sei, in den Versammlungen des Volks Gottes zu predigen und zu beten. Sie glauben, daß dies auf keine Weise dem, was Paulus 1 Cor. 14, 34. zur Bestrafung der unbedachtsamen und geschwäzzigen Weiber unter den Corinthern sagt, widerspreche, noch auch dem, was 1 Tim. 2, 11. 12.

und ihres Fortgangs. Du ſieheſt, wie ſie, ſowol ins beſondere als überhaupt, ihr Zeugnis für die Wahrheit abgelegt haben. Daraus wirſt du nun leicht abnehmen können, auf was für einen Grund ſie erbauet, und wie ſie zu einem ſo beträchtlichen Volk geworden ſind. Jezt bleibt mir noch übrig zu zeigen: was für eine Sorgfalt, Zucht und Ord-

ſteht: "daß ein Weib in der Stille lernen, und ſich "keine Herrſchaft über den Mann anmaßen ſolle," entgegen ſei; denn es erhellet nicht nur aus andern Zeugniſſen der Schrift, daß Weibsperſonen in der Gemeine geweiſſaget haben, — wie z. B. Philippus vier Töchter hatte, die weiſſageten, und auch Paulus einer Weibsperſon erwehnet, die mit ihm am Werk des Evangeliums gearbeitet habe, — ſondern es iſt auch aus der Erfahrung beſtätigt, daß viele Selen durch ihren Dienſt bekehret, und die Herzen ſeiner Kinder öfters dadurch ſind erwekket und getröſtet worden. Sie halten vielmehr dieſe Gabe in den Weibsperſonen für ein beſonderes Merkmal der Austeilung des Evangeliums, wie es von dem Propheten Joel vorhergeſagt und ebenfalls von dem Apoſtel Petrus angemerkt iſt: "daß Gott "in den lezten Tagen von ſeinem Geiſt auf alles Fleiſch "ausgießen wollte, und daß ſowohl die Töchter als die "Söhne weiſſagen (d. iſt. zur Erbauung der Gemeine "reden) ſollten;" daher denn auch Paulus 1 Cor. 11, 5. 6. vom Verhalten der Weibsperſonen bei ihrem öffentlichen Predigen und Beten, deutliche Anweiſung gegeben hat.

nung unter ihnen herrscht; damit sie, als eine Gesellschaft verbesserter Christen, ihren Grundsäzzen gemäß leben, und ihr Bekenntnis mit einem demselben angemessenen Wandel zieren mögen. Es wird um so nöhtiger seyn, dem Leser hievon einige Nachricht zu geben, weil sie schwerlich mehr an ihrem Karakter durch die ungerechte Beschuldigung des Irrtums, als durch die falsche Aufbürdung der Unordnung, gelitten haben; wiewol man sich dergleichen Verleumdungen eben nicht darf befremden lassen, denn alle Schritte, die ie zur wahren Verbesserung getahn wurden, sind noch immer damit begleitet gewesen, und kein Volk hat wol mehrere von solchen Beschuldigungen und Vorwürfen erdulden müssen, als selbst die ersten Christen, die iedoch die Ehre des Christentums, große Lichter und würdige Beispiele, sowol für ihre eigenen als auch für die nachfolgenden Zeiten waren. [15]

[15] Eine der gröbsten unter diesen Beschuldigungen war, und ist, die: daß man sie für Verächter der heiligen Schrift ausgeschrien hat, weil sie allzeit behauptet haben, daß der Geist Gottes, durch den die Schrift eingegeben und hervorgebracht ist, der einzige sichere und untrügliche Führer und Wegweiser der wahren Christen sei, und daß Niemand, der nicht zuvor zu diesem Geist und Licht in ihm selbst gekommen ist, einen richtigen Verstand von der Schrift erlangen, und folglich auch kei-

Vierter Abschnitt.

Von der Zucht und Ordnung der Freunde, als eine christliche Gesellschaft betrachtet. Die Kirchengewalt die sie verstatten und ausüben, und was sie davon verwerfen; nebst einer Beschreibung ihrer Verfahrungsart gegen Irrende und übertreter.

Da sich nun die Gesellschaft der Freunde, sowol in der Stadt als auch auf dem Lande, von Tage

nen wahren Nutzen davon haben könne. Aber nie haben sie die heilige Schrift, — die sie für ein göttliches Buch halten und eben aus diesem Grunde höher als alle andere Schriften in der Welt schätzen — auf irgend eine Art zu verkleinern gesucht; wovon alle ihre Schriften, und unter diesen vorzüglich Robbert Barclai's Apologie der wahren Gottesgelahrtheit, deutliche Beweise an den Tag legen. Hiebei ist noch zu merken, daß sie unter dem Ausdruck Wort Gottes, nicht die Schrift, sondern Christum das lebendige Wort, das im Anfang war und iedem Menschen "in seinem Herzen "und Munde nahe ist," verstehen.

Wenn sie von der herrlichen Offenbarung der unendlichen Liebe Gottes gegen das menschliche Geschlecht, in der wunderbaren Empfängnis und Geburt, in dem Leben und in den Wundern, in dem Tode, in der Auferstehung und in der Himmelfahrt unsers Erlösers, reden, so bedienen sie sich am liebsten solcher Ausdrükke, als in der Schrift üblich sind; und da sie überhaupt zu Tage vermehrte; so fanden sich die Aeltesten unter ihnen verpflichtet, für das Wohl und den Dienst der Kirche mit einer heiligen Sorgfalt zu wachen.

Der erste Gegenstand, auf den sie, nach dem Beispiel der ersten Christen, ihr Augenmerk richteten, war, die Ausübung der Liebe und Wohltähtigkeit in Versorgung der Armen und bei andern ähnlichen Vorfällen Unterstüzzung zu leisten. Daher fieng man frühzeitig an, zu diesem Endzwek und zur Bestreitung verschiedener andern Ausgaben, die sich im Dienst der Kirche ereigneten, freiwillige Beiträge zu sammlen, die man treuen,

allzeit sehr behutsam gewesen sind ihren Glauben, in Ansehung des grosen Geheimnisses vom Vater, Wort, und Geist, auszudrükken; vielweniger noch, sich der unschiklichen und unschriftmäsigen Ausdrükke, von drei Personen, Dreifaltigkeit ꝛc. zu bedienen, als welche nur zu Einbildungen Anlas geben, woraus schon viele Zänkereien, Verfolgungen, und oft blutige Auftritte in der Welt entstanden sind; so hat man sie vielfältig hierüber verkezzert und ihnen gräuliche Irrtümer angedichtet, da sie doch, — wie aus allen ihren Schriften deutlich erhellet, — weder je die Gottheit Christi verneinet, noch die Wahrheit der herrlichen Schriftstelle: daß "Drei sind, die im Himmel zeugen, der Vater, das "Wort, und der Geist, und daß diese Drei Eins sind," in Zweifel gezogen haben.

Gott fürchtenden Männern von gutem Ruf, anvertrauete. Diese waren dann auch unermüdet im Wohltuhn; denn sie legten oft reichlich aus ihren eigenen Mitteln hinzu, ohne es in Rechnung zu bringen, oder nur zu verlangen, daß man es wissen, vielweniger noch, daß man es ihnen wieder erstatten sollte; damit also weder iemand Mangel leiden, noch irgend ein Dienst aufgehalten oder zweklos gemacht werden mögte.

Sodann gieng ihre Sorge vorzüglich auch dahin: daß keiner von den Ihrigen, in seinem Betragen unter den Menschen, ihren Grundsäzzen zuwider handeln, sondern daß ein ieder frieblich leben, und in allen Dingen andern zum guten Beispiel dienen mögte. Sie fanden es für nöhtig und dienlich, ihre Leiden und Dienste aufzuzeichnen; und in Ansehung ihrer Heiraten, — die sie nicht nach der bei andern üblichen Weise, sondern unter sich vollzogen, — sorgten sie dafür, daß unter den Parteien, sowol gegen einander als gegen alle übrige, alles ordentlich und lauter zugieng. Es war dann etwas seltenes, daß iemand unter ihnen, in dieser Absicht, eine Neigung gegen eine Person nährete, ehe er, oder sie, nicht einige wichtige und würdige Freunde zuvor ins geheim davon benachrichtigt, und ihr Gutachten darüber eingezogen hätte; denn sie betrachteten den Raht ihrer Brüder, und die Einigkeit mit ihnen, als Sachen von großer Wichtigkeit.

Weil aber die Sorge für die Armen, die Anzal der Waisen, die Heiraten, die Leiden, und andere Vorfälle sich vermehrten; und weil es gut und nüzlich war, daß die verschiedenen Gemeinen in dergleichen Geschäften unter einander, eine gewisse Verfahrungsart annähmen, damit sie, im Fall daß Mitglieder von einer Versammlung, mit denen von einer andern etwas abzuhandeln hätten, desto besser übereinkommen mögten; so gefiel es dem Herrn in seiner Weisheit und Güte, dem Mann, den er zum ersten Werkzeug der Verkündigung dieses lebendigen Weges erwählt hatte, den nöhtigen Unterricht zur Errichtung einer guten und ordentlichen Verfahrungsart zu erteilen. Dem zu Folge besuchte er, von einem göttlichen Antrieb beseelt, alle Gemeinen in diesem Lande persönlich, um diesen Plan unter ihnen bekannt und werkstellig zu machen. In auswärtigen Ländern und Provinzen bewirkte er ein Gleiches unter ihnen durch Briefe, auch besuchte er sie in der Folge selbst, und war ihnen in Errichtung dieser guten Ordnung behülflich; welches da, wo ich von ihm reden werde, ferner gezeigt werden soll.

G

Diese Verfahrungsart nun, die Sorgfalt, Ordnung, und Zucht, wovon ich erwähnt habe, und die iezt unter den Freunden üblich ist, besteht im Folgenden.

In allen Provinzen, wo dieser gottselige Aelteste reisete, ermahnte er die Freunde, daß einige Mitglieder von ieder ihrer öffentlichen Versammlungen 16 alle Monate besonders zusammen kommen mögten, um die nöhtigen Geschäfte der Kirche abzuhandeln und zu besorgen. Nach Erforderung der Umstände wurden also mehrere oder wenigere dieser monatlichen Versammlungen in ieder Provinz angestellt. Vier bis sechs öffentliche Versammlungen machten gemeiniglich eine monatliche Versammlung für Geschäfte aus. Demnach versammleten sich die Brüder mit ihm von Ort zu Ort und errichteten obengedachte Versammlungen, worin das Nöhtige in Ansehung der Armen und Waisen, des ordentlichen Wandels, der Treue und Aufrichtigkeit in ihrem Bekenntnis, der Geburten, Heiraten, Begräbnisse, Leiden u. s. w. abgehandelt wird. Diese monatlichen Versammlungen musten sodann in ieder Provinz eine vierteljährliche Ver=

---

16 Öffentliche Versammlungen sind diejenigen, die sie zur öffentlichen Verehrung und Anbetung Gottes halten. Siehe auch Anm. 3. Seite 39.

ſammlung anſtellen, wozu die ernſtlichſten und wichtigſten Freunde aus der Provinz ſich einfinden, um daſelbſt wichtige Gegenſtände zu überlegen, und gegenſeitig einander mit Raht und Taht beizuſtehen; beſonders wenn ſich ſchwere Vorfälle ereignen, oder wenn etwa eine monatliche Verſammlung die Entſcheidung einer Sache nicht auf ſich nehmen kann.

Dieſe vierteljährlichen Verſammlungen müſſen ſodann aus den Berichten ihrer monatlichen Verſammlungen, für iede beſondere Provinz einen Auszug zur Einſicht der iährlichen Verſammlung machen. In dieſer allgemeinen Verſammlung, die iährlich in London gehalten wird, fließen alle vierteliährlichen zuſammen. [17] Alle Gemeinen in England, wie auch die in andern Ländern und Provinzen, ſenden ihre Abgeordneten dahin, ihre Stellen daſelbſt zu vertreten, die Kirchengeſchäfte mit einander abzumachen, ſich Rahts zu erholen und bei Gelegenheit auch welchen zu erteilen, und ſich

---

[17] Jezt ſind überhaupt ſieben iährliche Verſammlungen: 1 in London, wohin die Abgeordneten oder Stellvertreter von Irrland kommen; 2 in Neu-England, 3 Neu-York, 4 Pennſilvanien und Neu-Jerſey, 5 Maryland, 6 Virginien, 7 in beiden Carolina's und Georgien.

gemeinschaftlich zu erbauen. Hier werden auch die, zur Bestreitung allgemeiner im Dienst der Kirche vorkommenden Ausgaben, erforderlichen Gelder zusammen gebracht; welches hier weiter keiner umständlichen Erzälung bedarf. [18]

Jedes Mitglied einer Gemeine hat die Freiheit, in diese Versammlungen zu kommen, und seine Meinung über irgend einen abzuhandelnden Gegenstand in der Furcht Gottes vorzubringen. Allein der Sinn der vierteljährlichen Versammlungen, den die Abgeordneten, oder von obenerwähnten Versammlungen zu diesem Dienst erwählten Personen darin vortragen, bezieht sich gemeiniglich auf besondere Fälle.

[18] Jede Versammlung hat ihre Kasse, woraus die besondern in ihrem Bezirk sich ereignenden Ausgaben geleistet werden. Die Gelder der allgemeinen Kasse aber, verwendet man auf allgemeine sich aufs Ganze erstrekkende Unkosten. Dergleichen sind: die Veranstaltung des Drucks der zur Verbreitung der Wahrheit auszuteilenden Bücher; die Bezalung der Seefracht für ihre Prediger, die zur Verkündigung des Evangeliums in fremde Länder reisen; die Besoldung eines Schreibers und Unterhaltung eines Hauses zur Aufbewahrung der Register; und andere ähnliche Ausgaben. Die Unterhaltung dieser Kassen geschieht durch freiwillige Beiträge.

In der iährlichen Versammlung, worin die andern in ihrer Ordnung zusammen fließen, wird dafür gesorgt, daß ihre Entscheidung über die verschiedenen darin abgehandelten Gegenstände, von einigen dazu ernannten Personen auszugsweise zu Papier gebracht wird, damit die vierteliährlichen und monatlichen Versammlungen von dem ganzen Verfahren gehörig unterrichtet werden können.¹⁹ Diesen Auszügen wird sodann eine allgemeine Ermahnung zum heiligen Leben, und zur Einigkeit und Liebe, beigefügt. Das ganze Verfahren der iährlichen, vierteliährlichen, und monatlichen Versammlungen, wird ordentlich aufgezeichnet; dies geschiehet von Jemand, der entweder zu diesem Geschäft ernannt ist, oder es willkührlich übernommen hat. Gewöhnlich werden diese Versammlungen mit einem feierlichen Harren auf den Herrn eröfnet, und auch beschlossen; und zuweilen gefällt es Ihm, ihnen hier eben solche offenbare Beweise seiner Liebe und Gegenwart, als in ihren öffentlichen Versammlungen, zu geben.

Hier ist noch zu bemerken, daß in allen diesen zum Dienst der Kirche angestellten feierlichen

---

¹⁹ Man verfährt gegenwärtig in diesem Stük nicht ganz genau auf obenbeschriebene Weise, sondern die Entcheidung der Fälle wird in Gegenwart der ganzen Versammlung niedergeschrieben.

Verſammlungen, keiner vor dem andern einen Vorrang hat, oder als Haupt der Verſammlung angeſehen wird, wie es in den Verſammlungen anderer Geſellſchaften der Brauch iſt. Chriſtus allein iſt ihr Haupt, und ſo wie es ihm gefällt, durch einen oder mehrere unter ihnen ſeine lebendige Kraft und Weisheit zu offenbaren, ſo wird dies von den andern — was auch ihre Fähigkeit oder ihr Stand ſeyn mag — in ſtandhafter Einigkeit, und nicht aus Zwang, ſondern aus Ueberzeugung, angenommen und befolgt. Dies iſt der Weg, wodurch Chriſtus ſein göttliches Anſehn, ſeine Kraft, und die Wirkung ſeines Geiſtes unter ſeinem Volk zu erkennen giebt, und alſo ſeine geſegnete Verheiſſung erfüllet: daß er, "wo und "wann die Seinigen in ſeinem Namen verſamm-"let ſind, in ihrer Mitte ſeyn will, und zwar bis "ans Ende der Welt." Amen!

Man erwartet vielleicht, daß ich hier etwas von der Kirchengewalt ſagen ſoll, die ſie gegen diejenigen von ihren Mitgliedern ausüben, deren Leben mit ihrem Bekenntnis nicht übereinſtimmt, und die ſich, gegen die unter ihnen errichtete gute und heilſame Ordnung, widerſpenſtig betragen. Dies ſcheint auch ſehr nöhtig zu ſeyn; weil man ſie in dieſem Betreffen, nicht allein mündlich, ſondern auch schriftlich, so sehr mit Beschuldigungen und Vorwürfen überhäuft hat.

Die Kirchengewalt, die sie ausüben, ist ebendieselbe, die Christus seinem Volk in den Personen seiner Jünger bis ans Ende der Welt gegeben hat, nämlich: Gewalt, über den Wandel der übrigen Glieder zu wachen, sie zu ermahnen, zu bestrafen, und, nachdem sie auf die Besserung der Ungehorsamen und Widerspenstigen mit vieler Langmuht und Geduld vergebens gewartet haben, sie aus ihrer Gemeinschaft auszuschließen und nicht länger als Mitglieder zu betrachten, oder sich in den Augen Gottes und der Menschen nicht länger mit ihrem Wandel und Betragen, — als wenn sie zu ihnen gehörten — beschuldigen zu lassen, bis sie Reue und Besserung beweisen. [20]

[20] Wenn die Gemeinschaft mit den Ungehorsamen und Widerspenstigen ungeahndet und ununterbrochen fortdauerte, so würde der Vorwurf ihrer Uebertretungen, so lange sie sich nicht besserten, auf der ganzen Gesellschaft ruhen, der nun aber dadurch, daß solche Menschen so lange von ihrer Gemeinschaft ausgeschlossen werden, bis sie durch wahre Reue und Besserung zu ihrer Pflicht zurückkehren, von ihnen und der von ihnen bekannten Wahrheit abgelehnet wird.

Hier wird es vielleicht dienlich seyn, den Leser auf eine Bemerkung zu führen, die zur Milderung jener

Die Hauptabsicht der Ausübung dieser Ge=
Gewalt, ist, nach obenerwähnten verschiedenen
Anschuldigung, 'daß es die Freunde in Ansehung ihrer
'Zucht und Ordnung iezt eben nicht mehr so genau zu
'nehmen pflegten,' wird gereichen können. Man muß
zwar gestehen, daß der Eifer für die Wahrheit, der die
ersten Vorgänger unter den Freunden beseelte, in vielen
von ihren Nachkommen merklich abgenommen hat; und
daß einige von den Mitgliedern dieser zalreichen Ge=
sellschaft, von der Einfalt und Genauigkeit in ihrem
Betragen unter den Menschen, — wodurch sich ihre
würdigen Vorgänger in der gesegneten Wahrheit so
sehr von allen andern geistlichen Gesellschaften auszeich=
neten, — sichtbarlich ausgeartet sind. Mangel an ge=
genseitiger genauer Wachsamkeit; allzugroße Nachsicht
der Eltern gegen ihre Kinder; Vernachläßigung ihrer
Pflicht: auch ieden Schein des Bösen zu meiden, und
das Übel in der geringsten Entstehung zu unterdrükken;
besonders aber, Versäumung des stillen sowol einsamen
als gemeinschaftlichen Harrens auf erneuerte Kraft,
und daraus erfolgte Kraftlosigkeit, Menschenfurcht,
Menschengefälligkeit, u. s. w. scheinen, als unausbleib=
liche Folgen der Entfernung vom Licht, auch die Haupt=
ursachen zu seyn, daß hin und wieder unerlaubte Frei=
heiten, Gleichstellung der Welt, überflus und Pracht in
Kleidern, Häusern, Essen, Trinken, und verschiedene
andere ihrem Zeugnis widersprechende Dinge im Han=
del und Wandel, sich unter ihnen eingeschlichen und all=
mählig so sehr verbreitet haben, daß man bei vielen
den irdischen Sinn und Geist dieser Welt, leider nur zu

Teilen, auf zwei Gegenstände gerichtet: erstlich, auf allgemeines Betragen überhaupt, und zum

augenscheinlich die Herrschaft führen sieht; welches aufrichtigen Bekennern der lautern Wahrheit, denen es anliegt, gegen alle solche Früchte des Fleisches zu zeugen, gewis nicht geringe Schmerzen und Bekümmernisse verursacht. Allein wenn man erwegt, daß ein heiliges Leben und ein demühtiger gottesfürchtiger Wandel sich nicht durch die natürliche Geburt fortpflanzen, sondern Früchte einer neuen und geistlichen Geburt sind; — wenn man bedenkt, mit wie vieler Langmuht und Geduld Schwache und Irrende müssen getragen, und wie oft wiederholte Versuche zur Herumholung der Abgewichenen müssen angestellt werden, ehe sie von der Gemeinschaft auszuschließen sind; wenn man ferner anmerkt, daß die, welche wegen ihrer Beharrlichkeit im Ungehorsam wirklich sind ausgeschlossen worden, oder vielmehr sich selbst ausgeschlossen haben, dennoch einmal unter dem Namen der Freunde bekannt sind, wiewol sie sich durch ihre Widersezzung gegen die Wahrheit, die sie vormals zu lieben vorgaben, desselben unwürdig gemacht haben; und wenn man endlich erwegt, daß einige vielleicht eine zeitlang abweichen können, die aber hernach wieder ⬛kehren und treu bleiben, wobei dann zwar ihre Fehler gemeiniglich vor der Welt bekannt genug werden, ihre Reue und Besserung aber größtenteils unbemerkt bleibt; ich sage, wenn man dies alles wohl überlegt, so wird man bald einsehen können, daß es zu weit gegangen ist, wenn man um der Abweichung und Unordnung einzelner Mitglieder willen, die ganze Ge-

andern, auf die Dinge, die genauern Bezug auf ihren Karakter und auf ihr Bekenntnis haben, und sie von allen andern Bekennern des Christentums unterscheiden. Dabei vermeiden sie zwei Klippen, woran die mehrsten scheitern: Verfolgung und Ungebundenheit; das heißt: entweder die Menschen mit Gewalt in den Tempel hineintreiben, und alle, die sich wider Glauben und Gewissen nicht dazu bequemen wollen, an ihren Leibern und Gütern strafen, oder, alle und iede, in Ansehung ihres äußern Betragens, in ungebundener Freiheit dahin wandeln zu lassen, ohne ihnen die Nothwendigkeit einer andern Verantwortung, als gegen Gott und die Obrigkeit, aufzulegen. Und nichts hat mehr zur Verbreitung dieser elenden Freiheit beigetragen, als der Misbrauch, den bisher viele von der Kirchengewalt gemacht haben, die, von Leidenschaften und Eigennuz hingerissen, sie in eine äußere Gewalt und leibliche Strafe verwandeln. Ein Gebrauch, den die Freunde, eingedenk ihrer außerordentlichen Leiden, wegen ihres bekannten Grund-

sellschaft der Freunde beschuldigen wolte, die doch von ihrer ersten Entstehung an, bis auf den heutigen Tag, in keinem ihrer vom Anfang bekannten Grundsäzze ihren Sinn geändert hat; welches sowol aus den in ihren iährlichen Sendschreiben enthaltenen Ermahnungen, als auch aus ihren andern Schriften genugsam erhellet.

faßes für eine allgemeine Gewiſſensfreiheit, nicht
anders als misbilligen können.

So billigen ſie auch nicht, daß Glieder ei=
ner Geſellſchaft, von den Regeln und Bedingun=
gen ihrer eigenen Gemeinſchaft unabhängig, und
gegen ihre Mitglieder, ihres Wandels und Betra=
gens wegen unverantwortlich ſeyn ſolten. Sie
machen einen Unterſchied, zwiſchen Aufbürdung
ſolcher Gebräuche, die unmittelbar den Glauben
oder den Gottesdienſt angehen, — denn das ſe=
hen ſie als eine Sache an, die man nie weder
tuhn noch dulden, und der man ſich keinesweges
unterwerfen müſſe, — und zwiſchen dem Verlan=
gen einer chriſtlichen Folgſamkeit in gewiſſen An=
ordnungen und Einrichtungen, die nur äußere Ge=
ſchäfte der Kirche, in ihren zeitlichen oder geſell=
ſchaftlichen Angelegenheiten, betreffen, und
auf kluge ordentliche Erhaltung des Karakters ei=
ner ehrbaren und chriſtlichen Geſellſchaft abzwek=
ken. Ueberhaupt, alles was Heiligkeit und Liebe
fördern kann: daß ihre Mitglieder das, was ſie
bekennen, auch ausüben, und ihren Grundſäzzen
gemäs leben mögen, iſt der Zwek ihrer Zucht;
und daß keiner denſelben ungeahndet durch ſein
Betragen widerſprechen dürfe, der einzige Gebrauch
den ſie von der Kirchengewalt machen. Sie zwin=

gen niemand zur Annahme ihrer Grundsäzze, aber sie legen denen, die sie angenommen haben und sich zu ihnen bekennen, eine Verbindlichkeit auf, darnach zu leben, oder zu erwarten, daß sie von ihrer Gemeinschaft ausgeschlossen werden. Dies ist die einzige Strafe, womit sie die Ungehorsamen und Uebertreter belegen, und die Gewalt die sie ausüben;* überzeugt, daß keine christliche Gesellschaft das Recht habe, weiter zu gehen.

Ihre Verfahrungsart gegen Unordentlichwandelnde oder in Uebertretung gefallene, ist folgende: der Uebertreter wird von einigen aus ihrer Gesellschaft besucht, und sein Fehler ihm vorgestellt; es sei nun, daß er eine üble Handlung gegen allgemeine und von allen Menschen anerkannte Tugend begangen, oder in irgend einem besondern Stük des Zeugnisses, das er gemeinschaftlich mit ihnen bekennt, gefehlt habe; so suchen sie ihn mit Liebe und Ernst, zum Wohl seiner Sele, und zur Ehre Gottes und ihres Bekenntnisses der Wahrheit, dahin zu vermögen, daß er seinen Fehler gestehe, und auf eine eben so öffentliche Weise verdamme, als das Uebel geschehen, oder das Aergernis von ihm gegeben worden ist. Dies geschiehet gemeiniglich vermittelst einer zu dem Ende

---

* Nach der Lehre Christi Math. 18, 15=18.

abgefaßten und von ihm unterzeichneten Schrift. Allein, ereignet es sich, daß der beleidigende Teil sich widerspenstig bezeigt, und sich nicht bereit finden läßt, den, durch seine Uebeltaht oder Untreue der unter ihnen bekannten Wahrheit zugezogenen Vorwurf, zu entfernen; so wird er, oder sie, nach fruchtlos wiederholtem Bitten und Ermahnen, und nachdem man lange genug auf ihre Reue und Besserung gewartet hat, durch eine Schrift, — worin die Freunde zu erkennen geben, daß sie weder mit dergleichen Handlungen der beleidigenden Partei, noch mit der beleidigenden Partei selbst Gemeinschaft haben, — von der Gesellschaft ausgeschlossen. Dies ganze Verfahren wird, als ein Zeugnis ihres Eifers für die Ehre Gottes und seine Wahrheit, die sie bekennen, aufgezeichnet und registrirt.

Wenn aber hernachmals der beleidigende Teil, durch ein aufrichtiges Geständnis seines Fehlers, und durch ernstliche Bereuung seiner Taht, das gegebene Aergernis wieder aus dem Wege räumt, so wird er von neuem auf= und angenommen, und wieder als ein Mitglied ihrer Gemeinschaft betrachtet; denn so wie Gott dem Sünder, seine Fehler, nach geschehener Bereuung derselben, nicht mehr aufrükt, so tuht es auch sein wahres Volk nicht.

Dies ist die Nachricht, die ich von dem Volk Gottes, das bei den mehrsten unter dem Namen der Quäker bekannt ist, [21] in Ansehung ihrer Entstehung, ihrer Gestalt, ihrer Grundsäzze, und ihres Betragens in diesem Jahrhundert, sowol in Rüksicht auf ihren Glauben und Gottesdienst, als auch auf ihre Ordnung, Zucht und Verfahrungs-

[21] Der Name Quaker ist ein englisches Wort und bedeutet Zitterer, von to quake zittern. Bei einer Gelegenheit da Georg Fox einen Richter nebst andern Anwesenden ermahnte, und sagte: "Zittert vor dem "Wort des Herrn," hat dieser auf eine leichtsinnige Weise Anlas genommen, den Georg Fox und seine Freunde von der Zeit an Quäker oder Zitterer zu nennen. Diese neue ungewöhnliche Benennung ward, von leichtsinnigen Menschen, sehr begierig aufgenommen, und nicht nur in ganz England, sondern auch in andern Ländern verbreitet; so daß die Freunde, zum Unterschied von andern geistlichen Gesellschaften, bald überall bei diesem englischen Namen genennet wurden, der, weil seine Bedeutung einigen fremden Völkern unbekannt war, Gelegenheit zu vielen abergläubischen Geschichten gegeben hat. Wiewol sie nun zwar als solche, die vor dem Wort des Herrn erzittern, und mit Furcht und Zittern ihre Seligkeit zu schaffen suchen, sich dieses Namens eigentlich gar nicht schämen dürfen, so haben sie ihn doch nicht selbst angenommen. Sie nennen sich Freunde; und bei diesem Namen werden sie auch von denen, die sie in der Eigenschaft kennen, von andern unterschieden.

art, zu geben hatte. Und ich habe gedacht, daß dieſe kleine Erzälung am rechten Orte ſtehen würde, wenn ſie als Vorrede zu dem Tagebuch des erſten, geſegneten, und herrlichen Werkzeugs zu dieſem Werk, diente, und zugleich einen Beweis abgäbe: welche große Dienſte er geleiſtet hat, und mit was für merkwürdigen Eigenſchaften er begabet war, die, zum nachahmenswürdigen Beiſpiel für die Nachwelt, zur Verherrlichung des höchſtens Gottes, und zum Andenken dieſes würdigen vortreflichen Mannes und getreuen Knechts Gottes, den er zum Apoſtel dieſer Zeit erwählt hatte — aufgezeichnet zu werden verdienen.

Fünfter Abschnitt.

Von dem ersten Werkzeug oder von dem Mann, dessen sich Gott bedienet hat, diese Gesellschaft zu sammlen, und in den Weg, den sie bekennet, einzuleiten. Sein Name war Georg Fox. Die vielen vortreflichen Eigenschaften die er besaß sind Beweise einer mehr als menschlichen Kraft, und daß er in der Taht ein auserwähltes Rüstzeug Gottes war. Seine innern und äußern Beschwerden und Leiden. Sein Ende, und sein Triumpf.

Jezt komm' ich zum dritten Hauptstük meiner Vorrede, wo ich von dem Werkzeug, dessen sich Gott zur Errichtung dieser Gesellschaft bediente, reden werde; denn es würde ganz natürlich seyn, wenn iemand sagte: Wolan, hier ist das Volk oder das Werk, aber wo, und wer war das Werkzeug? Wer war der Mann, der zur Verrichtung eines so großen Werks gesandt war? — Dies werd' ich hier unter Gottes Beistand erklären. Nicht vom Hörensagen, oder aus Nachrichten von andern, sondern nach einer genauen, aus meinem eigenen mit ihm gepflogenen langen Umgang geschöpften Erkenntnis; wofür meine Sele den Herrn preiset, und ihn oft schon dafür gepreiset hat. Ich zweifle auch nicht, daß meine ernsthaften Leſer, wann ſie dieſen Teil meiner Vorrede werden geleſen haben, überzeugt ſeyn werden, daß ich gute Urſach dazu hatte.

Das geſegnete Werkzeug nun, deſſen ſich Gott an dieſem großen Tage des Evangeliums bediente, war Georg Fox, von einem andern dieſes Namens unterſchieden, der in ſeinen Schriften den Zunamen der Jüngere führt: nicht daß er den Jahren nach jünger geweſen wäre, ſondern er war es im Bekenntnis der Wahrheit; aber nichtsdeſtoweniger ein würdiger Mann, ein Zeuge, und Knecht Gottes in ſeiner Zeit.

Dieſer Georg Fox, von dem ich hier rede, ward um das Jahr 1624 in der Grafſchaft Leiceſter geboren. Seine Eltern, ehrliche Leute, die ihr Auskommen hatten, beſtrebten ſich, ihn, wie ihre übrigen Kinder, in den Gebräuchen und in dem Gottesdienſt der landesüblichen Religion zu erziehen. Beſonders ließ ſich ſeine Mutter, eine vor vielen andern ihres Standes und Orts begabte Frau, ſeine Erziehung ſehr angelegen ſeyn.

Schon in ſeiner frühen Jugend zeigte er eine ganz andere Gemühtsbeſchaffenheit als ſeine übrigen Brüder. Er war andächtiger, eingekehrter, stiller, ernsthafter, und solcher Bemerkungen fähig, die weit über sein Alter giengen; wie seine Fragen und Antworten, die er bei Gelegenheiten, und vorzüglich über göttliche Dinge, hervorbrachte, zur Bewunderung der Anwesenden an den Tag legten.

Als seine Mutter solche außerordentliche Gemühtsgaben der Ernsthaftigkeit, Weisheit und Frömmigkeit, die so frühzeitig aus ihm hervorblikten, bei ihm bemerkte, und sahe, daß er die kindischen und eiteln Zeitvertreibe und Gesellschaften vermied, da er noch sehr jung war, gewann sie eine große Zärtlichkeit für ihn, und begegnete ihm mit vieler Nachsicht; so daß er von ihrer Seite kaum einige Hindernisse antraf.

Zu ländlichen Geschäften erzogen, fand er viel Vergnügen an Schafen, und ward auch in Verwaltung der Heerden sehr geschikt. Ein Geschäft, das in vielem Betracht seiner Gemühtsverfassung ganz angemessen war; eines Teils eine unschuldige, und zum andern auch einsame Beschäftigung: ein wahres Sinnbild seines hernachmaligen Amts und Dienstes.

Ueberzeugt, daß seine eigene von sich selbst gegebene Beschreibung, unstreitig bei weitem die beste ist, die gegeben werden kann, werd' ich mich in keine umständliche Erzälung solcher Begebenheiten, als von ihm selbst beschrieben sind, einlassen, und so viel ich kann, Wiederholungen schon gesagter Dinge zu vermeiden suchen. Ich übergehe also die besondern Umstände seines geistlichen Berufs, und sage nur überhaupt: daß er im ein und zwanzigsten Jahre seines Alters seine Verwandte verließ, um die eingezogensten und der Gottesfurcht am mehrsten ergebenen Leute in den hiesigen Gegenden zu besuchen; denn es waren noch einige Wenige in diesem Lande übrig geblieben, die "Tag und Nacht auf den Trost Israels "warteten," wie vorzeiten Sacharias, Hanna, und der gute alte Simeon auch darauf gewartet haben. Zu diesen ward er gesandt; diese suchte er in den benachbarten Provinzen auf, und hatte so lange seinen Aufenthalt unter ihnen, bis er in seinem Dienst völliger bestätigt ward.

Während dieser Zeit lehrete er die Nothwendigkeit des wahren Schweigens, indem er sich selbst darin zum Muster darstellte. Sein Bestreben war: die Menschen von ihren eigenwilligen gottesdienstlichen Verrichtungen abzubringen, und zu dem Licht Christi in ihnen zu kehren. Von diesem Licht zeugete er, und ermunterte die Menschen, auf die Empfindung seiner Kraft in ihren Herzen geduldig zu warten; damit ihre Erkenntnis und ihr Gottesdienst in der Kraft des unvergänglichen Lebens bestehen mögte, das durch dieses Licht erlangt wird, wenn man seinen innerlichen Offenbarungen Gehorsam leistet. Denn "in dem Wort war "Leben, und dieses Leben ist das Licht der Men= "schen." So wie nun das Leben in dem Wort, und das Licht im Menschen ist, so ist auch das Leben in dem Menschen, wenn er dem Licht gehorsam ist; denn die Kinder des Lichts leben durchs Leben des Worts, wodurch dasselbe sie wiedergebieret. Dies ist die wahre Wiedergeburt, oder die neue Geburt, ohne welche niemand in das Reich Gottes kommen kann; und wer dazu gelanget, ist größer als Johannes, * nämlich seinem Amte nach, welches nicht das Amt des neuen Bundes, sondern die Vollendung des Gesezzes war; denn er war der Vorläuffer der Zeit des Evangeliums und des Reichs Gottes.

Demnach wurden in dieser Gegend verschiedene Versammlungen errichtet, und so ward einige Jahre seine Zeit angewendet.

* Math. 11, 11. Luc. 7. 28.

Im Jahr 1652, als er sich (meiner Vermuhtung nach) in dem mittäglichen Teile der Grafschaft York) auf einem sehr hohen Berge befand, und nach seiner Gewohnheit sein Gemüht in der Stille zum Herrn richtete, hatte er ein Gesicht von dem großen Werk des Herrn auf der Erde, und wie er, um dieses Werk anzufangen, mit einem öffentlichen Zeugnis ausgehen solte. Er sah' ein Volk, in Menge wie der Staub in der Sonne, das mit der Zeit dem Herrn solte zugeführet werden, damit auf der ganzen Erde "nur ein "Hirte und eine Heerde" seyn mögte. Darauf wurden seine Augen gegen Mitternacht gerichtet; wo er ein großes Volk sahe, das ihn und sein Zeugnis in diesen Gegenden aufnehmen solte. Auf diesem Berge ward er vom Herrn bewegt, diesen großen und merkwürdigen Tag laut anzukündigen, als hätt' er sich in einer großen Versammlung befunden; sodann gieng er nordwärts, wie ihm der Herr gezeigt hatte. An iedem Ort wo er anlangte, und zuweilen noch eh' er an einen Ort kam, ward ihm seine besondere Verrichtung und wie er sich dabei verhalten solte, gezeigt; so daß in der Taht der Herr sein Führer war. Er reisete auch nicht vergeblich, denn Gott segnete seine Arbeit und bestätigte seine Gesandschaft dadurch: daß fast an allen Orten wo er durchreisete, einige von allerlei Gattungen von Menschen, teils unter dem rohen Hauffen, teils unter den ernsten Religionsbekennern, von der Wahrheit überzeugt wurden.

Unter die ersten und vortreflichsten Zeugen, die als öffentliche Prediger des Evangeliums erschienen, und iezt der Ruhe genießen, rechnen wir: Richard Farnsworth, Jakob Nayler, Wilhelm Dewsberry, Thomas Aldam, Franz Howgil, Edward Burroughs, Johann Camm, Johann Audland, Richard Hubberthorn, T. Taylor, T. Holmes, Alexander Parker, Willhelm Simson, Willhelm Caton, Johann Stubbs, Robert Withers, Thomas Low, Josias Cole, Johann Burnyeat, Robert Lodge, Thomas Salthouse, und mehrere würdige Personen, welche nebst verschiedenen andern, die zur Zeit der ersten großen Ueberzeugung gleich im Anfang das Zeugnis der Wahrheit annahmen und noch am Leben sind, hier nicht füglich können genennet werden.

Nachdem diese, welche die Wirkung der reinigenden Gerichte Gottes aus einer innern Erfahrung kannten, eine zeitlang schweigend auf den Herrn geharret hatten, damit sie die Kraft und Macht, in seinem Namen zu reden, von oben empfangen und in ihren Herzen empfinden mögten, (denn anders ist es nicht möglich, daß iemand in seinem Namen und zum wahren Nuzzen reden könne, wenn er sich auch ebenderselben Worte bediente,) so fühlten sie sich von einem göttlichen Antrieb beseelt, und wurden dann öfters bewegt auszugehen und besonders die öffentlichen Versammlungen zu besuchen, um die Menschen daselbst zu bestrafen, zu unterrichten, und zu ermahnen. Zuweilen giengen sie auf die öffentlichen Pläzze, auf Märkte, in die Straßen, und an die Seiten der Landstraßen, wo sie die Menschen zur Sinnesänderung ermahnten, daß sie sich sowol mit dem Herzen als mit dem Munde zum Herrn bekehren solten. Sie riehten ihnen, auf das in ihre Herzen und Gewissen scheinende Licht Christi zu achten, als wodurch sie ihre eigenen Wege erkennen, untersuchen, abwägen, das Böse meiden, und den guten und wohlgefälligen Willen Gottes vollbringen könten.

Allein diese Liebe und Gutwilligkeit warb ihnen von den mehrsten mit vielen Verfolgungen und Leiden vergolten. Nicht selten wurden sie deswegen in den Stok gelegt, gesteinigt, geschlagen, gepeischt und eingekerkert; wiewol sie ehrliche Leute waren, die an ihren Wohnorten in guten Ruf standen; die Weiber und Kinder, Häuser und Güter verlaſſen hatten, um andere mit einem lebendigen Ruf zur Buße zu beſuchen.

Gemeiniglich traten die Prieſter gegen ſie auf, und ſuchten der Verbreitung der Wahrheit Einhalt zu tuhn. Sie gaben Schriften gegen unſere Freunde heraus, raften eine Menge der falſcheſten und ſchändlichſten Geſchichten zuſammen, die ſie ihnen anzubichten ſuchten, um ſie verdächtig zu machen, und waren beſonders im mitternächtlichen Teile von England eifrig bemüht, die Obrigkeiten zu ihrer Unterdrükkung zu reizen. Aber es gefiel Gott, ſeine Zeugen dergeſtalt mit lebendiger Kraft auszurüſten, und ihnen eine ſolche offene Tühr zur Verkündigung der Wahrheit zu geben, daß in allen dieſen Gegenden eine große Ueberzeugung gewirkt ward.

Im Anfang, da das Werk gleichſam noch in ſeiner Kindheit war, ward durch die beſondere Freundſchaft und Duldſamkeit der Richter Bradſchaw und Fell, und des Oberſten Weſt, die Wuht der Prieſter in ſo fern abgehalten, daß ſie nie das Ziel ihrer Bemühungen erreichen konnten; welches war: das Blut der Freunde zu vergießen, und wo möglich, nach dem Beiſpiel Herod's, durch grauſame Ausübung der bürgerlichen Gewalt, sie gänzlich zu zernichten und aus dem Lande zu vertilgen. Am eifrigsten bezeigte sich der Richter Fell, der sich nicht nur im gerichtlichen Verfahren der Priesterwuht widersezte, sondern auch die Freunde bei andern Gelegenheiten verteidigte, und endlich sogar öffentlich unterstüzte. Sein Weib war eine von den ersten, die das Zeugnis der Wahrheit annahmen, und da er, als ein gerechter und weiser Mann, wol einsahe, daß durch das Betragen seines eigenen Weibes und seiner Familie, das gemeine Geschrei gegen den Weg der Wahrheit hinlänglich widerlegt ward, so hatte dies so viel Einflus auf sein Gemüht, daß er sie, so viel er nur konnte, schüzte, ihnen freiwillig seine Tühren öfnete, und seinem Weibe und ihren Freunden sein Haus zum Gebrauch einräumte, indem er sich wenig um die Vorwürfe unwissender oder übelgesinnter Menschen bekümmerte.

Dies hab' ich ihrem beiderseitigen Andenken zu Ehren hier angeführt, und ich glaube, daß es auch denen ihres Namens oder von ihrer Verwandtschaft, die eine eben so große Zärtlichkeit, Demuht, und Liebe besizzen, und einen eben so rühmlichen Eifer für die Wahrheit und für das Volk des Herrn beweisen, nicht minder zur wahren Ehre und zum Segen gereichen wird.

Dieſes Haus des Fell's diente, einige Jahre lang, — beſonders im Anfang, ehe noch die Wahrheit in die mittäglichen Gegenden dieſer Inſel fortgebrungen war, — zu einem vortreflichen Aufnehmungsort für die Freunde; wie denn auch andere ſchäzbare und vermögende Leute ſowol ihre Häuſer als ihre Herzen geöfnet hatten, um die vielen Boten, die der Herr in ſo kurzer Zeit zur Verkündigung des wahren Weges zur Seligkeit erwekt hatte, darin aufzunehmen. Auch wurden oft Verſammlungen der Diener des Herrn baſelbſt gehalten, wo ſie einander ihre Arbeiten und Uebungen mitteilten, und ſich in ihrem geſegneten Dienſt gemeinſchaftlich ermunterten und erbaueten.

Damit man mich aber über das, was ich hier anführe, nicht der Abweichung beſchuldige, weil ich zuvor ſchon davon erwehnt habe, ſo kehre ich zu dem vortreflichen Mann zurük, und melde von ſeinen perſönlichen, ſowol natürlichen und ſittlichen als göttlichen Eigenſchaften, wie er ſie in ſeinem Umgang mit den Brüdern, und in der Kirche Gottes an den Tag gelegt hat, folgendes:

1. Er war ein Mann, den Gott mit einer klaren und bewunderungswürdig tiefen Einſicht

begabt hatte. Ein Unterscheiber der Geister anderer, und sehr Herr über den seinigen. Ob gleich der Ausdruk seines Verstandes im Umgang mit der Welt, in den empfindlichen Ohren einiger Menschen vielleicht ungeschliffen und unmodisch klingen mogte; so waren doch die Sachen, die er sagte, demungeachtet sehr gründlich und tief, und verloren nicht nur in einer nähern Untersuchung nichts, sondern iemehr man sie betrachtete, desto wichtiger und belehrender fand man sie; und so gebrochen und unzusammenhängend auch zuweilen seine Ausdrükke über göttliche Dinge, gleichsam Brokkenweis von ihm zu fallen schienen, so ist es doch bekannt genug, daß sie oft als Texte zu vielen schönen Erklärungen dienten.

Dies gab, ohn' alle Widerrede, einen klaren Beweis, daß er in der Taht von Gott gesandt war; weil weder Künste noch Wissenschaften an dem Gegenstand seines Dienstes einigen Anteil hatten, und er die vielen großen, vortreflichen und nöthigen Wahrheiten, die er der Welt verkündigte, so ganz von aller Empfehlung menschlicher Weisheit entblößt, vortrug. Demnach war er, als Mensch, ein Urbild; weil er sich nicht nach dem Muster eines andern gebildet hatte.

Seine Reden und Schriften führen das Gepräge eines Mannes, der nicht von Menschen gelehret war, noch das, was er sagte, seinem fleißigen Studiren und Grübeln zu verdanken hatte. Es waren nicht leere Einfälle, nicht tiefsinnige Betrachtungen, sondern empfindbare und erfahrne Wahrheiten, die zur Bekehrung und Wiedergeburt, zur Errichtung des Reichs Gottes in den Herzen der Menschen, gereichten; und hierzu den Weg zu zeigen, war sein Werk. Oft bin ich selbst so sehr davon durchdrungen worden, daß ich, wie mein Herr und Meister bei einer ähnlichen Gelegenheit, habe sagen müssen: "Ich danke dir, O Vater, und Herr des Him= "mels und der Erde, daß du diese Dinge den "Weisen und Klugen dieser Welt verborgen, und "den Unmündigen geoffenbaret hast!" Ja, öfters ist meine Sele in Dankbarkeit und Demuht vor dem Herrn gebeugt gewesen, daß er, in unsern Tagen, keinen von den Weisen und Gelehrten dieser Welt zum ersten Boten seiner heiligen Wahrheit an die Menschen erwählte; sondern dazu einen Menschen nahm, der weder von hohem Stande, noch zierlich in seiner Rede, und, nach den Begriffen die sich die Welt von der Wissenschaft macht, auch nicht gelehrt oder weise war: damit seine Sendung, und das Werk wozu er gesandt war, desto weniger dem Neid der Menschen ausgesezt, und dem Verdacht unterworfen seyn mögte, daß es ein Werk menschlicher Weisheit oder eine Erfindung des Eigennuzzes sei, und damit sein Unterricht auf die Gewissen derer, die blos aus Liebe zur Wahrheit den Weg derselben aufrichtig suchten, desto kräftiger und klärer wirken mögte. Ich muß gestehen, da ich mit den Augen meines Gemühts, die der Gott des Himmels in mir geöfnet hatte, die offenbaren Kennzeichen des Fingers und der Hand Gottes in diesem Zeugnis bemerkte; da ich die nachahmenswürdigen Beispiele der Mäßigkeit, des einfältigen schlichten Betragens, des Eifers, der Standhaftigkeit, Demuht, Pünktlichkeit, Mildigkeit, und der genauen Sorgfalt in Verwaltung der Kirchengeschäfte, die aus seinem und seiner Mitarbeiter Leben und Zeugnis hervorleuchteten, beobachtete, und darin die Klarheit, Kraft und Wirkung ihres Prinzipiums deutlich wahrnahm; ward ich dadurch in meiner Ueberzeugung, daß es Gottes eigenes Werk sei, mächtig bestärkt; und meine Sele ward mit inniger Liebe und Furcht, mit Ehrerbietung und Dankbarkeit durchdrungen, als ich die unendliche Liebe und Barmherzigkeit Gottes gegen das Menschengeschlecht darin erkannte. — Dies ist noch iezt meine Gesinnung, und ich hoffe, daß mich der Herr bis ans Ende meiner Tage darin erhalten wird.

2. In seinem öffentlichen Zeugnis oder Predigen bemühte er sich sehr, seinen Zuhörern deutliche Begriffe von der Wahrheit beizubringen, und sie auf das große Prinzipium und Hauptgrundwesen, Jesum Christum, zu gründen; damit sie, — indem er sie mit etwas, das von Gott in ihnen wäre, bekannt machte, — Gott und sich selbst desto besser mögten kennen und beurteilen lernen.

3. Er hatte eine außerordentliche Gabe die Schrift zu erklären: er gieng geradezu aufs Wesentliche der Dinge, und zeigte mit vieler Deutlichkeit, und auf eine sehr tröstliche und erbauliche Weise, den klaren Sinn, die Uebereinstimmung und Erfüllung derselben.

4. Das Geheimnis vom ersten und andern Adam, vom Gesez und Evangelium, vom Schatten und Wesen, vom Zustand der Knechtschaft und von dem der Kindschaft, und die Erfüllung der Schriften in Christo und durch Christum, der in allen benen, die ihm durch den Gehorsam des Glaubens angehören, das wahre Licht ist, — waren meistens der wesentliche Innhalt und Hauptgegenstand

seiner Verkündigung. In diesem allen hatte er das Zeugniß daß er von Gott war; denn man empfand es auf eine überzeugende Weise, daß er das, was er redete, von Christo empfangen, und in seinem untrüglichen Lichte selbst erfahren hatte.

5. Unter allen seinen erhabenen Eigenschaften, zeichnete er sich vorzüglich im Gebet aus. Die Eingekehrtheit und das Gewicht seines Geistes, seine Ehrfurcht, das Feierliche in seinem ganzen Betragen, und daß er so viel mit so wenigen Worten sagte, hat oft Fremde eben so sehr in Verwunderung gesezt, als seine Brüder dadurch mit Trost erfüllet wurden. Nie hab' ich eine so feierliche, lebendige, und ehrfurchtsvolle Gemühts-beschaffenheit empfunden oder wahrgenommen, als die Seinige war, wann er betete; und dies war gewiß ein Beweis, daß er den Herrn besser kannte, und einen nähern Umgang mit ihm unterhielt, als andere Menschen: denn ie besser man ihn kennen lernt, ie grössere Ursach findet man, sich ihm mit Furcht und Ehrerbietung zu nähern.

6. Sein Leben war unschuldig. Er war keiner von denen, die sich gern in die Geschäfte anderer mischen; auch suchte er nicht seinen ei-

genen Nuzzen, und war weder empfindlich noch tadelsüchtig. Seine Reden hatten nie etwas Beleidigendes, sondern waren fast allzeit erbaulich. In seinem Umgang herrschte so viel Sanftmuht, Zufriedenheit, Bescheidenheit, Ruhe, Standhaftigkeit und Zärtlichkeit, daß es ein Vergnügen war, in seiner Gesellschaft zu seyn. Er suchte keine andere Herrschaft zu führen, als über das Böse; und das überall, wo und in wem er es nur entdekte, jedoch mit Liebe, mit Mittleid und Langmuht. Ein Mann, der Barmherzigkeit liebte! Und so bereit er war andern zu verzeihen, so sehr entfernt war er auch, jemand zu beleidigen, oder etwas als Beleidigung aufzunehmen. Ja, Tausende können es in Wahrheit bezeugen, daß er eines vortreflichen Geistes und als ein angenehmer Geruch unter ihnen war. Darum waren ihm auch die besten Geister mit einer ungeheuchelten und unauslöschlichen Liebe zugetahn.

7. In seinem Dienste war er unermüdet. In seinen jüngern Jahren, ehe noch die vielen, großen und tiefen Leiden, die er ausgestanden, und seine beschwerlichen Reisen, seinen Körper geschwächt und zu Reisediensten unfähig gemacht hatten, arbeitete er mit großem Fleiß an der Fortpflanzung des Worts und der Lehre, und an

der Errichtung guter Ordnung und Zucht, sowol in England als auch in Schottland und Irrland. Er gewan viele Selen für Gott, befestigte diejenigen, die von der Wahrheit überzeugt waren, und veranstaltete gute Einrichtungen in Ansehung der Kirchengeschäfte unter ihnen. Gegen das Ende seiner Reisen, zwischen den Jahren 1671 und 1677 besuchte er die Gemeinen Christi in den Pflanzstädten von Amerika, in Holland, und in Deutschland, wie aus seinem Tagebuch erhellet; und viele wurden durch ihn in diesen Gegenden teils von der Wahrheit überzeugt, teils darin befestigt. Nach dieser Zeit war sein Aufenthalt gröstenteils in London, oder in den Gegenden dieser Stadt. Außer seinem vielfältigen Predigen, das von großem Nuzzen war, schrieb er viel, sowol für seine Brüder, als auch für andere, die nicht von seiner Gemeinschaft waren. Ueberhaupt war aber seine Sorgfalt für die ordentliche Verwaltung der Kirchengeschäfte sehr groß.

8. Oft fand er sich an dem Ort, wo die Register und Bücher für die Geschäfte der Kirche gehalten werden, und wo auch die Briefe von den verschiedenen Versammlungen des Volks

Gottes in der ganzen Welt anzukommen pflegen. Diese Briefe ließ er sich vorlesen, und teilte sie der Versammlung mit, die wöchentlich für dergleichen Geschäfte gehalten wird. Er pflegte immer sehr auf deren Beantwortung zu bringen, und dies vorzüglich, wenn ihr Innhalt von Leiben oder Verfolgungen handelte; denn bei allen solchen Gelegenheiten bewies er große Teilnahme und inniges Mitleiden. Daher untersuchte er die verschiedenen Fälle mit vieler Sorgfalt, und bemühte sich, nachdem es die Umstände erforderten, schleunige Hülfe zu verschaffen. Folglich konten die Gemeinen, oder Mitglieder derselben, in ihren Leiden sicher darauf rechnen, daß die Beantwortung ihres Gesuchs weder vergessen noch aufgeschoben ward, wann er sich in der Versammlung befand.

9. So unermüdet er nun war, eben so unerschrokken war er auch, wenn es den Dienst Gottes und seines Volks betraf. Er war so wenig zur Furcht als zum Zorn zu bewegen; wovon sein Betragen in Derby, Litchfield, Appleby, vor Oliver Cromwell, in Launceston, Scarborough, Worcester, auf dem Saal in Westmünster, und bei verschiedenen andern Gelegenheiten, sowol seinen Feinden als seinen Freunden überflüssige Beweise gegeben hat.

Allein, so wie zur Zeit der erſten Chriſten ſich einige gegen die geſegneten Apoſtel unſers Herrn Jeſu Chriſti auflehnten, und noch dazu ſolche, die ſie ſelbſt zur Hofnung des Evangeliums gebracht hatten, die ihnen hernach die gröſſeſten Beſchwerden verurſachten; ſo hatte auch dieſer Mann Gottes ſeinen Teil der Leiden, von einigen, die durch ihn waren überzeugt worden, zu erdulden. Entweder von Vorurteilen eingenommen, oder vom Irrtum verleitet, wiederſezten ſie ſich ihm, als einem der über die Gewiſſen zu herrſchen ſuchte; weil er auf die ungeſäumte Annahme und genaue Befolgung der guten und heilſamen Regeln, wodurch ein ordentliches Verfahren in den Kirchengeſchäften und die Erhaltung eines unanſtößigen Wandels vor den Menſchen beabſichtet war, teils perſönlich, teils durch Briefe eifrig drang. Was zu dieſem böſen Werk noch vieles beitrug, war, daß einige dieſem ſanftmühtigen Mann die verdiente Liebe und Hochachtung, die er unter den Freunden genoß, misgönnten, und daß andere ſchwach genug geweſen waren, den ungegründeten Argwohn zu ſchöpfen, daß er ihnen die Erweiſung eines blinden Gehorſams aufzubürden ſuche.

Sie wollten, daß iedermann unabhängig seyn sollte: so daß ein ieder, weil er selbst das Prinzipium in sich hätte, diesem auch nur allein stehen oder fallen, und gegen niemand anders verantwortlich seyn sollte. Allein sie bedachten nicht, daß dieses Prinzipium in allen eins und ebendasselbe ist; denn obgleich das Maas des Lichts oder der Gnade verschieden seyn kann, so ist doch die Natur und Eigenschaft dieses göttlichen Samens ebendieselbe in allen. Und da sich dies nun so verhält, so verlezten sie die Einigkeit des Geistes, die unter einem Volk, das von einem Haupt regieret wird, natürlicherweise statt haben muß; denn was für einen ein Uebel ist, das ist auch ein Uebel für alle, und was für den einen tugendhaft, rechtschaffen und anständig ist, das ist auch tugendhaft, rechtschaffen und anständig für alle: weil es die Frucht und Wirkung ebendesselben allgemeinen Prinzipiums ist, das alle mit einander gemein haben, und wovon selbst iene Misvergnügte bekennen: daß es die Wurzel aller wahren christlichen Gemeinschaft, und der Geist sei, womit das Volk Gottes getränket wird, damit sie geistlich gesinnet und ein Herz und eine Sele werden.

Einige besaßen die Schwachheit, daß sie die zur ordentlichen Verwaltung der Kirchengeschäfte

erforderliche gute Ordnung, als gottesdienstliche
Sazzungen ansahen, die man ihnen aufzubürden
suche, und deswegen von ihm und den andern
Brüdern so dringend anempfohlen würden. Daher glaubten sie, ihnen dieselben Vorwürfe machen zu können, welche die Nichtkonformisten *
der bischöflichen Partei mit so vielem Recht gemacht hatten, weil diese die Menschen zur Annahme ihrer verschiedenen Glaubensartikel und
Zeremonien mit Gewalt zu zwingen suchten; das
hingegen gedachte Ordnung blos den äußern Wandel, und — daß ich so sagen mag — nur die
bürgerliche Regierung der Kirche betraf: damit
ihre Mitglieder den Grundsäzzen ihres Glaubens
gemäß leben, und in der Ausübung ihrer schuldigen Pflichten der Liebe und Vorsorge erhalten
werden mögten.

Wiewol nun zwar einige, teils aus Misver-
stand gestrauchelt, teils aus einer unverständigen
Halsstarrigkeit sogar in schädliche Vorurteile gefallen sind; so haben wir doch den Herrn zu
preisen, daß die mehrsten sich wieder zu ihrer
ersten Liebe zurükgekehret, und das Werk des

---

* Nichtkonformisten oder Dissenters nennt man die, welche
sich nicht zur sogenannten englischen Kirche oder bischöflichen Partei bequemen wollen.

Feindes eingesehen haben, der keine Gelegenheit versäumt, keinen Vorteil aus der Acht läßt, wodurch er das Werk Gottes aufhalten oder hinhindern, den Frieden seiner Kirche stören, und unter seinem Volk die Liebe zur Wahrheit und gegen einander erkalten machen kann. Auch ist Hofnung da, daß verschiedene von den noch entfernten Wenigen gleichfalls wieder umkehren werden.

Bei allen diesen Gelegenheiten ertrug dieser sanftmühtige Mann die Schwachheiten und Vorurteile der Misvergnügten; und wiewol er der Hauptgegenstand ihres Tadels war, so vergalt er doch nicht Vorwürfe mit Vorwürfen, sondern entschuldigte vielmehr ihre Schwachheit, verzieh ihnen ihre bittern Reden, und betete für sie, daß sie ihren Irrtum erkennen, die List des nur nach Trennungen und Spaltungen arbeitenden Feindes einsehen, und zu ihrer ersten Liebe, die nichts Arges denkt, zurükkehren mögten.

Und ich kann in Wahrheit sagen, daß er, wiewol ihn Gott sichtbarlich mit Vorzügen und göttlichem Ansehn bekleidet hatte, — so daß schon seine bloße Gegenwart eine christliche Ehrfurcht einflößte — doch nie einigen Misbrauch davon machte. Er behauptete vielmehr seinen Plaz in der Kirche Gottes mit vieler Sanftmuht, und mit einer einnehmenden Demuht und Mäßigung. Bei allen Gelegenheiten bewies er sich, nach dem Beispiel seines Herrn und Meisters, als ein Diener von allen. Sein Ansehn als ein Aeltester, erhielt und gebrauchte er nicht anders, als in der unsichtbaren Kraft, in der sie alle waren gesammlet worden, mit Ehrfurcht gegen das Haupt und in Wachsamkeit über den Leib. Auch ward er nur in diesem Geist, und in dieser Kraft Christi, als der erste und vornehmste unter den Aeltesten seiner Zeit, angenommen; und da er als ein solcher doppelter Ehre würdig war, so ward sie ihm auch, aus der Ursach, von den Gläubigen gegeben: denn sein Ansehn, das er durch die Liebe Gottes und durch die Kraft eines unvergänglichen Lebens erlangt hatte, und auch darin erhielt, bestand nicht von aussen, sondern von innen. — Ich schreibe nicht vom Hörensagen, sondern aus meiner eigenen Kenntnis, und mein Zeugnis ist wahr; denn ich habe bei verschiedenen Gelegenheiten, und in den härtesten Proben, Wochen und Monate mit ihm zugebracht, und bin oft bei Tage und bei Nacht, zu Wasser und zu Lande, sowol in diesem Lande als auch in andern Ländern, sein Begleiter gewesen; aber nie hab' ich ihn seine Pflicht versäumen, oder bei irgend einem schweren Vorfall außer Fassung gesehen.

Bei ieder Gelegenheit betrug er sich als ein Mann, und zwar als ein starker, neuer, himmlischgesinnter Mann; er war beides: Gottesgelehrter und Naturverständiger, und das alles durch die allmächtige Hand Gottes. Seine Fragen und Antworten über natürliche Dinge haben mich oft in Verwunderung gesezt; denn wiewol er in unnüzzen sofistischen Wissenschaften unwissend war, so hatte er doch den Grund nüzlicher und löblicher Kenntnisse inne, und schäzte sie überall, wo er sie fand. Mit seinem Umgang verband er eine Höflichkeit, die alle in der Welt gebräuchlichen Komplimente und Zeremonien übertraf. Er war sehr mäßig, aß wenig, und schlief noch weniger, wiewol er stark von Leibesgröße war.

So lebte er während seinem Aufenthalt unter uns; und so wie er gelebt hatte, so starb er auch. Er fühlte ebendieselbe ewige Kraft, die ihn empor gehoben und erhalten hatte, noch in seinen lezten Augenblikken; und so voller Versicherung war er, daß er über den Tod triumfirte. Er blieb, bis an sein Ende, in einer so beständigen Gleichmühtigkeit, als ob der Tod kaum einiger Bemerkung wehrt wäre, oder nicht einmal Erwähnung verdiente. Einigen von uns Anwesenden empfahl er, nebst der Austeilung seiner

Bücher, die Beförderung und Verbreitung einer Epistel, die er kurz zuvor an alle Gemeinen Christi in der ganzen Welt geschrieben hatte, vorzüglich aber, die Sorge für die Freunde, und unter diesen, besonders die in Irrland und Amerika, indem er zu zweien wiederholten Malen sagte: "Sorget für die armen Freunde in Irrland und "Amerika."

Als einige hereinkommende ihn fragten, wie er sich befände, gab er zur Antwort: "Seid "unbesorgt! die Kraft des Herrn geht über alle "Schwachheit, auch über den Tod; der Same "herrscht, gelobet sei der Herr!" Dies war ohngefehr vier oder fünf Stunden vor seinem Abschied aus dieser Welt.

Am ersten Tage der Woche war er in der großen Versammlung bei der Lombardstraße, und am folgenden dritten Tage verlies er uns, ohngefehr um zehn Uhr des Abends, im Hause des Heinrich Goldney in eben derselben Gegend.

Er starb in einem guten hohen Alter, nachdem er die Freude erlebt hatte, viele Geschlechte seiner Kinder, und Kindes Kinder in der Wahrheit, zu sehen. Er genos die Wohltaht einer kurzen Krankheit, und eines völligen Gebrauchs ſeiner Sinne, bis an ſeine lezten Augenblikke; und wir können mit einem Mann Gottes voriger Zeiten in Wahrheit von ihm ſagen: "Er re= "bet noch, wiewol er todt iſt; und obgleich dem "Leibe nach abweſend, ſo iſt er doch im Geiſt "gegenwärtig." Denn weder Zeiten noch Oerter ſind im Stande die Gemeinſchaft der Heiligen zu unterbrechen, oder das Band der Einigkeit gerechter Geiſter aufzulöſen.

Seine Werke loben ihn; denn ſie gereichen zum Lobe deſſen, der durch ihn wirkte. Daher wird auch ſein Andenken in den nachkommenden Zeiten, wie bisher, beſtändig geſegnet ſeyn.

Hier werd' ich dieſen Teil meiner Vorrede ſchließen, wenn ich nur noch dieſe kurze Grabſchrift ſeinem Andenken hinterlaſſe:

'Viele Kinder Gottes haben in un= 'ſern Tagen die Tugend gebauet, aber 'du, mein lieber George, haſt ſie alle 'übertroffen.'

Sechster Abschnitt.

Fünf verschiedene Ermahnungen. Die erste, eine allgemeine Ermahnung an die Freunde, die sie an ihre erste Aufrichtigkeit und Einfalt erinnert; die zweite ist besonders an die öffentlichen Diener unter ihnen gerichtet; die dritte, an diejenigen, welche ohnlängst von der Wahrheit sind überzeugt worden; die vierte, an die Kinder der Freunde; und die fünfte, an alle die, denen dieses Volk und ihr Weg noch unbekannt ist, und welchen dieses Buch, (oder dasjenige, dem es in seiner ersten Ausgabe zur Vorrede diente) zu Handen kommen mögte. Diese Ermahnungen sind den verschiedenen Lagen und Ständen der Personen, an welche sie gerichtet sind, angemessen; damit alle dem doppelten Endzwek, der Verherrlichung Gottes und ihrer eigenen Seligkeit, entsprechen mögen.

Wolan nun, Freunde! die ihr bekennet, in dem Wege, den dieser heilige Bote Gottes angezeigt hat, zu wandeln; ich bitte euch, Väter und Kinder, Aelteste und Jünglinge, nehmet das Wort der Ermahnung an.

Die Herrlichkeit dieses großen Tages, und der Grund unserer Hofnung, der uns, so lange wir ein Volk ausmachen, nicht hat zu Schanden werden laſſen, iſt, wie ihr wiſſet, das geſegnete Prinzipium des Lichts und Lebens Jeſu Chriſti, das wir bekennen, und allen Menſchen, als das große, göttliche, und zureichende Mittel, wodurch ſie zu Gott bekehret werden können, anpreiſen. Dieſes göttliche Prinzipium war es, wodurch wir zuerſt gerührt, und in Anſehung unſers innern Zuſtandes kräftig erleuchtet wurden; ſo daß wir unſer leztes Ende betrachteten, und dadurch bewogen, unſere Augen auf den Herrn richteten und die Tage unſers Lebens zälten, damit unſere Herzen Weisheit lernen mögten.

In dieſen Tagen urteilten wir nicht nach dem, was unſere Augen ſahen, oder unſere Ohren hörten, ſondern wir beurteilten ſowol Sachen als Perſonen, uns ſelbſt und andere, ia ſelbſt Gott unſern Schöpfer, nach dem Licht und Gefühl, das dieſes göttliche Grundweſen uns erteilte, und hiernach waren unſere Handlungen abgemeſſen; denn weil unſer innerer Menſch dadurch lebendig gemacht war, ſo konten wir, ſowol in geiſtlichen als natürlichen Angelegenheiten, den Unterſchied der Dinge leicht erkennen, und fühlen, was Recht oder Unrecht, was ſchiklich oder unschiklich war. Da dies nun der Grund der Gemeinschaft aller Heiligen ist, so bestand auch unsere Gemeinschaft in diesem heiligen Licht, worin wir einander zu kennen, zu empfinden, und sowol gegen einander, als auch gegen alle Menschen, in Liebe, Treue und Furcht zu handeln, suchten.

Wann wir die Belebung und Bewegung dieses heiligen Samens in unsern Herzen fühlten, dann naheten wir uns zum Herrn, und warteten, bis wir dadurch bereitet waren, und zuvor Züge und Anregungen in unsern Herzen empfanden, ehe wir uns ihm in einem öffentlichen Gebet näherten, oder unsern Mund zum Dienst seiner Wahrheit öfneten.

Mit diesen Bewegungen anzufangen, und auch damit zu endigen, darin bestand unser Trost, unser Gottesdienst, und unsere Erbauung. Liefen wir voran, oder ließen etwas von unserm Dienst zurük, so machten wir uns selbst Bürden zu tragen: statt einer angenehmen Aufnahme unsers Dienstes, empfanden wir Vorwürfe; statt Beifall zu hören, sagte uns eine geheime Stimme: "wer hat das von euren Händen ge-"fordert?" In diesen Tagen waren wir ein geübtes Volk; unser ganzes Betragen, selbst unsere Gesichtszüge legten es an den Tag.

Wir glaubten dann nicht genug zu tuhn, wenn wir blos über uns selbst wachten; wir hielten uns auch verpflichtet für andere, besonders für die, welche nicht längst erst von der Wahrheit überzeugt waren, eine genaue Sorgfalt zu tragen. Oft hatten wir ein Wort vom Herrn an unsere Nachbarn, Verwandte, Bekannte, und zuweilen auch an Fremde bekannt zu machen. Gemeinschaftlich für einander bemüht, lag einem die Bewahrung des andern am Herzen. Alle Gelegenheiten, die zur Kälte oder zu Misverständnissen Anlas geben konnten, wurden nicht gesucht, sondern sorgfältig vermieden, und wir betrugen uns gegen einander als solche, die glaubten und fühlten, daß Gott gegenwärtig sei. Dies erhielt unsern Umgang harmlos, ernsthaft, wichtig, und bewahrte uns vor der Sorge und Freundschaft der Welt.

Wir verteidigten die Wahrheit im Geist der Wahrheit, und nicht in unsern eigenen Geistern, oder eigenwillig nach unsern Neigungen; denn die waren so sehr gebogen und zur Unterwerfung gebracht, daß es denen, die uns kannten, bald in die Augen fiel. So hatten wir auch keine Freiheit, nach eigener Wahl, und willkürlich zu handeln: zu gehen wohin wir wolten, zu reden uud zu tuhn was uns gefiel, und wann es uns beliebte; sondern u n s e r e Freiheit ward durch d i e des Geistes der Wahrheit begränzt, und weder Vergnügen noch Vorteil, weder Furcht noch Gunst war vermögend, uns aus dieser eingezogenen, ernsten und wachsamen Gemühtslage zu verrükken. Wir waren so weit entfernt Gesellschaft zu suchen, daß wir sie vielmehr, so viel wir nur konnten, vermieden; und unsere eigenen Geschäfte betrieben wir mit Mäßigkeit, ohne uns unnöhtiger Weise in die andrer Leute zu mischen.

Unsere Rede bestand in wenigen Worten, die mit Salz gewürzt waren; unser Ansehen war ruhig und gesezt, und unser ganzes Betragen erregte Aufmerksamkeit. Es ist freilich wahr, daß diese, von der, im Betragen der Welt herschenden Freiheit, zurükgezogene und strenge Lebensart, uns dem Tadel vieler Menschen außsezte, die uns daher als störrische, eingebildete, selbstgerechte Leute u. d. g. betrachteten; aber u n s diente sie zur Bewahrung vor vielen Schlingen, denen andere durch die hinreissende Kraft der Augenlust, der Fleischeslust, und des hoffärtigen Lebens, beständig ausgesezt waren, welchen es an Gelegenheiten und Versuchungen zur Verwikkelung in den Umgang mit der Welt nicht fehlte.

Die Demuht und der reine Eifer iener Tage, sind mir unvergeßlich. Wie fleißig wurden nicht die Versammlungen besucht, und wie eingekehrt war man da nicht! Mit welcher Standhaftigkeit war man nicht, sowol dem Leben als den Grundsäzzen der Wahrheit ergeben! Und wie unzerteilt und innig war nicht unsere Gemeinschaft! Wie es in der Taht auch denen geziemet, die den Herrn Jesum Christum für ihr einziges Oberhaupt erkennen.

Da dies nun das Zeugnis und Beispiel ist, wozu der vorerwähnte Mann Gottes gesandt war, es unter uns zu verkündigen und uns zu hinterlaßen, und da wir es, als die gnädige Heimsuchung Gottes an uns, angenommen haben; so ist iezt das Wort der Ermahnung dieses: "Daß wir, "mit allem Eifer und mit aller Aufrichtigkeit in "dem Wege dieses Zeugnisses zu wandeln, beständig fortfahren mögen; und dies um so viel "mehr, als sich der Tag nahet."

Zuerst wend' ich mich an euch, ihr meine sehr geliebten und geehrten Brüder in Christo, die ihr zur Ausübung des Kirchendienstes berufen seid. O fühlet Leben in eurem Predigen! Lasset das Leben euren Befehl, eure Quelle und euren Schaz seyn; denn ohne dem, wisset ihr, ist es nicht möglich Gott Selen zuzuführen: weil nichts anders, als dieses Leben Gottes, vermögend ist die Menschen zu beleben, oder für Gott lebendig zu machen. Daher muß ein solches Predigen, das die Menschen beleben soll, in der Kraft des Lebens geschehen, und daraus herfließen. Wir haben die Früchte aller andern Prediger, an der geringen Anzal derer, die sie von ihren bösen Wegen abgekehret haben, deutlich gesehen. Unsere natürlichen Anlagen, ein scharfes Gedächtnis, oder Wiederholungen und Erzälungen vormaliger Offenbarungen, die wir nach eigenem Willen und in unserer eigenen Zeit hervorbringen, sind keinesweges die Mittel, die das Werk Gottes ausrichten werden.

Eine Predigt, die nur eine trokkene Auslegung der Lehre enthält, reicht nicht weiter als zu den Ohren, so richtig und gründlich sie auch den Worten nach seyn mag, und ist, aufs beste genommen, nur ein schöner Traum. Es giebt aber noch eine andere Gründlichkeit, welche die richtigſte von allen iſt: Chriſtus, die Kraft Gottes. Dies iſt "der Schlüſſel Davids, der öf-"net, und niemand kann zuschließen; und zu-"ſchließt, daß niemand öfnen kann."

Was das Oel gegen die Lampe, und die Seele gegen den Körper iſt, das iſt dieſe Kraft in Vergleichung mit den beſten Worten.

Darum ſagte Chriſtus: "Meine Worte ſind "Geiſt, und ſind Leben!" das heißt, ſie entſpringen aus dem Leben, und daher machen ſie euch lebendig, wenn ihr ſie annehmet. — Wenn aber die Jünger, die mit Jeſu gelebt hatten, zu Jeruſalem warten muſten, bis ſie dieſen lebendigmachenden Geiſt empfangen hatten, wievielmehr müſſen denn nicht wir darauf warten, eh' wir unſern Mund zum Predigen öfnen, wenn wir die Menſchen von der Finſternis zum Licht, und von der Gewalt des Satans zu Gott kehren wollen.

Es iſt mein inbrünſtiges Verlangen vor dem Gott und Vater unſers Herrn Jeſu Chriſti, daß ihr beſtändig möget gleichgeſinnet ſeyn; daß ihr allzeit mit Ehrfurcht auf die Ankunft und Eröfnung des lebendigen Worts warten, und darauf in eurem Predigen und in eurem Dienſt achten möget; damit ihr Gott in ſeinem Geiſte dienen könnet. Dann möget ihr wenig oder viel sagen, so wird es allzeit wohl seyn; denn viel ist nicht zu viel, und wenig ist genug, wenn es vom Einflus des Geistes Gottes kommt, ohne den in der Taht das wenigste schon zu viel ist: weil es keinen Nuzzen bringt.

Es ist allein der Geist des Herrn, der, entweder unmittelbar, oder mittelbar durch die Predigt seiner Diener, sein Volk so lehret, daß es wahren Nuzzen schaft; und gewiß, so weit er uns in unserm Dienst begleitet, so weit nur können wir Nuzzen stiften, und weiter nicht. Denn, wenn alles, was zur Bewirkung unserer eigenen Seligkeit erforderlich ist, durch den Herrn in uns muß gewirket werden, wievielmehr wird es denn nicht nöhtig seyn, daß er dasjenige, was zur Bekehrung anderer dienen soll, selbst in und durch uns hervorbringe. — War es demnach uns einst ein Kreuz, zu reden, wiewol es der Herr von uns verlangte; so müss' es uns doch nie eins seyn, zu schweigen, wenn er nicht von uns fordert, daß wir reden sollen.

Eine der schreklichsten Drohungen im Buche Gottes, ist: "daß der, welcher zu den Worten "der Weissagung dieses Buchs etwas hinzusezzen

"wird, von Gott mit den in diesem Buch ge-
"schriebenen Plagen belegt werden soll." Den
Raht Gottes zurük zu halten, ist nicht minder
schreklich: denn "wenn iemand von den Worten
"dieses Buchs der Welssagung etwas abtuht, so
"wird Gott seinen Teil vom Buch des Lebens
"hinwegtuhn." Hierin ist gewis für diejenigen,
die den Namen des Herrn gebrauchen, eine große
Warnung enthalten: erstlich, sich wohl zu versi-
chern, daß der Herr wirklich redet; damit sie
sich nicht unter der Zal derer befinden, die zu den
Worten des Zeugnisses der Weissagung, das ihnen der Herr abzulegen befiehlet, etwas hinzusezzen; und zum andern, daß sie nichts davon
tuhn, oder etwas zurükhalten: weil beides in den
Augen Gottes so sehr beleidigend ist.

Darum, meine Brüder, laßt uns sorgfältig seyn: daß wir weder unserm Führer vorlauf-
fen, noch zaudernd hinter ihm zurükbleiben;
weil der Eilende leicht seines Weges verfehlen
kann, und der Zurükbleibende Gefahr lauft, seinen Führer zu verlieren. Denn selbst die, welche
das Wort des Herrn empfangen haben, müssen
auf Weisheit warten; damit sie sehen, wie sie
das Wort recht teilen sollen. Hieraus erhellet
sehr klar die Möglichkeit, daß iemand, der das

Wort des Herrn empfangen hat, dennoch in der Zerteilung und Anwendung desselben fehlen könne. Das muß von einer Ungedulb des Geistes, und von einem Selbstwirken kommen, woraus eine ungesunde und gefährliche Mischung ensteht, die schwerlich ein redlichgesinntes lebendiges Volk für Gott hervorbringen wird.

Dies ist eine Sache, worin ich es mit meinen Brüdern, die als öffentliche Diener erscheinen, vor allen Dingen sehr ernstlich nehme; denn ich weiß, von welcher Wichtigkeit es sowol für die gegenwärtige, als künftige Beschaffenheit und Erhaltung der durch ein lebendiges und kräftiges Zeugnis gesammleten Kirche Jesu Christi ist, daß der Kirchendienst in den Offenbarungen, Bewegungen und Mitteilungen ebendesselben Lebens und ebenderselben Kraft, von Zeit zu Zeit erhalten, bewahret, und fortgesezt werde.

Wenn es demnach irgendwo bemerkt wird, daß einige mehr durch Gaben und natürliche Fähigkeiten, als aus dem Leben und in der Kraft predigen; so ist es nöhtig, daß sie beizeiten — wiewol sie einen erleuchteten und unterrichtenden Verstand besizzen mögen, — zu ihrer eigenen Bewahrung erinnert und ermahnet werden; denn sie können unvermerkt dahin gerahten, daß sie auf ihre Selbsttüchtigkeit sich stüzzen, Christum, die lebendige Quelle, verlassen, und ihnen selbst Behälter aushauen, die kein lebendiges Wasser halten. Allmählig werden sie dann andere von dem Warten auf die Gabe Gottes abziehen, so daß sie dieselbe weder in ihnen selbst, noch in andern zu ihrer Stärkung und Erfrischung fühlen, sondern von ihnen etwas erwarten, von Gott sich wieder zu Menschen wenden, und also an dem einmal den Heiligen überlieferten Glauben Schifbruch leiden, und das gute Gewissen gegen Gott verlieren; welche beide nur durch die göttliche Gabe des Lebens erhalten werden, die im Anfang den einen erzeuget, und das andere aufgewekt und geheiligt hatte.

Es ist auch nicht genug, daß wir die göttliche Gabe einmal erkannt, und dadurch die "Geister im Gefängnis" erreicht haben, oder daß wir Werkzeuge waren, wodurch andere von dem Wege Gottes sind überzeugt worden; wenn wir nicht eben so bemühtig und arm in uns selbst, und eben so abhängig von dem Herrn bleiben, als wir ie zuvor waren: weil weder Erinnerung noch Wiederholung voriger Entdekkungen und Ofenbarungen oder der Dinge die wir vormals genossen haben, eine Sele zu Gott bringen, oder den Hungrigen Brod und den Durstigen das Wasser des Lebens verschaffen wird, wenn nicht unsere Rede mit dem Leben selbst begleitet ist; und hierauf müssen wir warten.

O daß wir doch ia keine andere Quelle, keinen andern Schaz, keine andere Stüzze haben mögen! Daß doch keiner sich erkühnen möge, auf irgend eine Art, aus eigener Bewegung etwas für Gott wirken zu wollen, weil er schon lange durch göttliche Bewegung gewirkt hat. Lasset uns nicht den Mangel des Wartens durch unsere eigene Weißheit ersezzen wollen, oder benken, daß wir weniger Vorsicht und mehr Freiheit im Reden gebrauchen könten, als zuvor. Wenn wir nicht fühlen, daß der Herr durch seine Kraft uns öfnet und erweitert, so laßt uns vorsichtig seyn, daß wir nicht überschreiten, oder die Zeit mit unsern eigenen Sachen auszufüllen suchen; was auch immer die Leute von uns erwarten, oder unser gewöhnlicher Zuflus und Karakter mögte gewesen seyn.

Wir werden, ich hoff' es, nie vergessen, wer es war, der sagte: "Ohne mich könnt ihr gar "nichts tuhn." Unsere Tüchtigkeit ist in ihm. Und wenn wir bei solchen Gelegenheiten, wo wir unsers Zeugnisses wegen zur Verantwortung gezogen werden, nicht unsere eigenen Worte reden, ober besorgt seyn sollen, was wir zu unserer Vertheidigung vorbringen wollen; so dürfen wir gewis in dem, was wir in unserm Zeugnis und Predigen im Namen des Herrn zu den Selen der Menschen sagen sollen, keine von unsern eigenen Worten gebrauchen, und auch nicht darum verlegen seyn: weil alsdann, mehr noch als zu einer andern Zeit, oder bei irgend einer andern Gelegenheit, die Worte in uns erfüllet werden sollen: "Denn "ihr seid's nicht, die da reden, sondern der Geist "meines Vaters, der in euch redet."

Es ist gewis, daß der Dienst des Geistes seine Gleichheit und Uebereinstimmung mit der Geburt des Geistes behalten muß, und auch allzeit damit gepaaret ist; denn so wie niemand das Reich Gottes ererben kann, wenn er nicht aus dem Geist geboren ist, so kann auch kein Prediger eine Sele zu Gott führen, wenn seine Predigt nicht aus dem Geist ist. Auf diesen Geist haben die Jünger gewartet, — wie ich schon gesagt habe — ehe sie ausgiengen zu predigen; in demselben haben unsere älteren Brüder und Boten Gottes in unsern Tagen gleichfalls geharret und gewartet, und in eben diesem Geiste haben sie uns besucht und unsern innern Zustand erreicht. Da wir also im Geist angefangen haben, so darf keiner von uns ie erwarten, oder suchen, im Fleisch vollkommen gemacht zu werden; denn wie kann man das Fleisch mit dem Geist, oder die Spreu mit dem Weizen vergleichen? Wenn wir aber in der Leitung des Geistes bleiben, so bleiben wir auch in der Einigkeit des Geistes, die der Grund aller wahren Gemeinschaft ist. Wenn wir alle mit ebendemselben Geiste getränket werden, so werden wir ein einiges Volk Gottes, und dadurch werden wir in der Einigkeit des Glaubens und im Bande des Friedens erhalten. Weder Neid noch Bitterkeit, noch Zank kann alsdann unter uns statt haben. Wir werden allzeit einer dem andern zum Besten, nicht zum Schaden des andern wachen, und weit entfernt, daß wir einander den Wachstum des Reichtums der Gnade, womit Gott seine treuen Knechte erfüllet, beneiden solten, werden wir uns vielmehr sehr darüber erfreuen.

Meine Brüder, da euch die Verkündigung der Aussprüche Gottes anvertrauet ist, welches euch bei denen unter welchen ihr arbeitet, oft günstige Gelegenheiten und großes Gewicht giebt; so bitte ich euch: haltet es nicht für hinlänglich, „daß ihr das Wort des Lebens in ihren Versammlungen verkündigt, so erbauend und tröstlich dergleichen Gelegenheiten auch sowol für euch als für sie seyn mögen; sondern folget dem von obenerwähntem Mann Gottes uns hinterlassenen Beispiel: erkundiget euch nach dem Zustande der verschiedenen Gemeinen die ihr besuchet; bemühet euch zu erfahren, welche von ihren Mitgliedern sich krank, in Betrübnis, oder in Anfechtungen befinden, und ob nicht einige unter ihnen untreu oder widerspenstig sind; und suchet sodann diese Dinge in der Weisheit und Kraft Gottes zu vermitteln. Dies wird euren Dienst mit einer herrlichen Krone zieren. Da es euch den Weg zu ihren Herzen bahnet, daß sie euch als Menschen Gottes annehmen, so gewinnet ihr dadurch Zutrauen, daß ihr ihnen noch auf andere Art durch euren Raht Gutes erweisen könnet. Die Betrübten werden durch euch getröstet, die Angefochtenen gestärkt, die Kranken erquikt, die Treulosen überzeugt und zu ihren Pflichten zurükgeführt, und die Halsstarrigen erweicht und zur Aussöhnung bereitet werden. Dies heißt, — daß ich mich so ausdrükke — den Nagel auf der andern Seite umschlagen; denn dadurch befestigt ihr das allgemeine Zeugnis und macht die rechte Anwendung davon, wenn ihr in der Beobachtung seiner verschiedenen Teile, gegen die, denen es mehr unmittelbar angeht, eine so vorzügliche Sorgfalt beweiset.

Obgleich an einigen Orten gute und weise Männer, und auch Aelteste wohnen mögen, die sowol überhaupt als auch an andern Orten als wichtige verdienstvolle Männer geschäzt werden; so folgt daraus doch nicht, daß ihnen in den Herzen derer, unter welchen sie wohnen, eine ihren Verdiensten angemessene Stelle eingeräumet werde, und irgend ein besonderer Umstand kann auch Ursach seyn, daß sie sich den Gebrauch eines solchen Ansehns nicht erlauben. Wenn sie aber euch, die ihr als Gottes Boten reiset, in einem so wichtigen Geschäft ihr Vertrauen gönnen, werden sie es euch denn wol in weniger wichtigen Dingen versagen? Wenn sie das allgemeine Zeugnis annehmen, werden sie alsdann die besondere Anwendung desselben in ihren eigenen Fällen ausschlagen können? Auf diese Art werdet ihr euch als wahre Arbeiter erweisen, und eure Werke werden vor euch her gehen, zum Preise seines Namens, der euch von der Finsternis zum Licht berufen hat, damit ihr andere von der Gewalt des Satans zu Gott und seinem innern Reich kehren sollet; und O mögten sich doch mehrere solcher treuen Arbeiter in dem Weinberge des Herrn finden!

Daher kann ich mich nicht enthalten, euch laut zuzurufen, die ihr lange schon Bekenner der

Wahrheit gewesen seid, und ihre überzeugende Kraft aus Erfahrung kennet; die ihr zwar einen ehrbaren Wandel unter den Menschen führet, euch aber damit begnüget, daß ihr die Wahrheit für euch selbst kennet, die Versammlungen besuchet, eine gewöhnliche Liebe in der Kirche ausübet, euch ehrlich in der Welt betraget, und nicht weiter gehet; die ihr euch die Verherrlichung des Herrn in der Ausbreitung seiner gesegneten Wahrheit auf der Erde nicht weiter angelegen seyn lasset, als daß ihr euch über den guten Erfolg der Dienste anderer freuet; — O richtet euch auf, im Namen und in der Kraft des Herrn Jesus! Sehet, wie nicht nur in diesem Lande sondern auch in andern Ländern die Felder weiß zur Ernte sind, und wie wenige tüchtige und getreue Arbeiter es giebt, um darin zu arbeiten! Eure Landsleute, eure Nachbarn, eure Verwandte verlangen den Herrn und seine Wahrheit zu kennen, und darin zu wandeln. Wartet nicht irgend eine Pflicht auf euch, die ihr ihnen schuldig wäret? O ich bitte euch! untersuchet eure Herzen, und verlieret keine Zeit, denn der Herr ist nahe.

Ich richte euch nicht; es ist einer der alle Menschen richtet, und sein Gericht ist wahrhaftig. In eurem äußern Vermögen habt ihr sehr zuge=

nommen, suchet nun auch eben so sehr in eurem innern. Reichtum zu wachsen, und tuht mit beiden Gutes, so lange ihr noch Zeit habt es zu tuhn. Einst suchten eure Feinde euch das, was ihr besaßet, um seines Namens willen, in den ihr glaubtet, zu entreissen. Darum hat er euch, in dem Angesicht eurer Feinde, überflüssig von den Gütern dieser Welt gegeben; aber sehet zu, daß sie nicht als Herren euch beherrschen, sondern laßt sie euch als Knechte dienen. Sie sollen vielmehr eure Erholung als euer Geschäft seyn. Lasset eure Augen vorzüglich auf den Herrn gerichtet seyn; betrachtet eure Wege; sehet, ob der Herr nicht noch mehr für euch zu tuhn hat. Und findet ihr euch in euren Pflichten gegen ihn zurük, dann harret doch auf ihn, daß er euch zu seinem Dienst bereite. Haltet euch bereit, seine Befehle zu empfangen; und wenn ihr einmal eure Hand an den Pflug gelegt habt, so werdet im Wohltuhn nicht müde: denn gewis, ihr werdet, wenn ihr nicht nachlasset, auch die Früchte eurer himmlischen Arbeit in Gottes immerwährendem Königreiche ernten.

Nun ihr! die ihr noch nicht lange von der Wahrheit überzeugt seid. Lasset euch bitten und ermahnen, auf die heilige Offenbarung und Er-

ſcheinung des Herrn in euren Herzen fleißig und geduldig zu harren und zu warten. Kehret euch nicht auswärts, ſondern einwärts, und hütet euch, daß nicht die Freiheit eines andern euch zum Strik werde. Handelt auch nicht aus Nachah=
mung, ſondern nach der Ueberzeugung und Em=
pfindung der Kraft Gottes in euren Herzen. Un=
terdrükket nicht die zarten Sproſſen dieſer Empfin=
dung in euren Selen, auch eilet nicht in der Hiz=
ze eures Verlangens und eurer Neigungen über dieſe heiligen und ſanften Bewegungen hinweg. Bedenket, daß es eine ſanfte und leiſe Stimme iſt, die in dieſen Tagen zu uns redet, und daß ſie in dem Geräuſch eines forteilenden Gemühts nicht gehöret, ſondern nur in einer ſtillen und ein=
gekehrten Gemühtslage deutlich verſtanden werden kann.

 Jeſus liebte, und ſuchte die Einſamkeit. Oft begab er ſich auf Berge, in Gärten, und an die Seeküſten, um ſich dem Gedränge und der Viel=
fältigkeit zu entziehn. Dadurch zeigte er ſeinen Jüngern, daß es gut ſei, wenn man einſam, von dem Geräuſch der Welt frei und entfernt iſt.

 Ihr habt in eurer Lage vorzüglich gegen zwei Feinde zu wachen: gegen eure Einbildung, und gegen das Verlangen nach Freiheit; aber die ein=

fältige, tähtige, lebendige, heilige Wahrheit, die euch überzeugt hat, wird euch auch bewahren, wenn ihr auf ihren Unterricht in euch merket, und alle eure Gedanken, Neigungen, und Absichten daran prüfet, um zu erkennen, ob sie aus Gott oder vom Feind, oder von euch selbst sind. Auf diese Art werdet ihr von dem, was ihr tuhn oder lassen sollt, ein wahres Gefühl, eine genaue Unterscheidung, und ein richtiges Urteil behalten; und wenn ihr in diesem Wege Fleiß anwendet, und Treue beweiset, so werdet ihr das Wesen ererben, und Christus, die ewige Weisheit, wird euren Schaz anfüllen. Wenn ihr dann sowol bekehrt als überzeuget seid, dann stärket eure Brüder, und haltet euch bereit, ein iedes Wort oder Werk, wozu euch der Herr berufen wird, auszurichten: damit ihr ihn verherrlichen möget, der euch erwählet hat, um mit den Heiligen im Licht an einem unbeweglichen Reich und unverwelklichen Erbe in den ewigen Wohnungen Anteil zu nehmen.

Und nun ihr Kinder des Volks Gottes! Für euer Wohl liegt eine große Bekümmernis auf meinem Gemühte, und oft beuge ich meine Knie vor dem Gott eurer Väter für euch: daß ihr Mitgenossen des göttlichen Lebens und der Kraft werden möget, worin die Herrlichkeit dieses großen

Tages bestehet; daß ihr ein Geschlecht zum Lobe Gottes, "ein heiliges und besonderes Volk" seyn möget, "das fleißig zu guten Werken ist," wann alle unsere Häupter schon in den Staub werden gelegt seyn. O ihr jungen Leute, beiderlei Geschlechts! begnüget euch nicht damit, daß ihr die Kinder des Volks des Herrn seid; denn auch ihr müsset von neuem geboren werden, wenn ihr das Reich Gottes ererben wollet. Eure Väter sind nur eure Väter nach dem Fleisch, und haben euch nur nach der Gleichheit des ersten Adams gezeuget; allein ihr müsset durch eine geistliche Zeugung dem andern Adam ähnlich gemacht werden, oder ihr werdet nicht — ja ihr könnet nicht seine Kinder seyn. O darum, ihr Söhne und Töchter der Kinder Gottes! sehet euch vor, untersuchet euren Grund, und erforschet, in wie fern ihr mit dieser göttlichen Verwandschaft, mit dieser Sippschaft und Geburt, Aehnlichkeit habt. Seid ihr dem Licht gehorsam worden? Habt ihr den Geist empfangen, und wandelt ihr in ihm? Denn dies ist der unverderbliche Same des Worts und Reichs Gottes, woraus ihr müsset wiedergeboren werden. Gott siehet die Person nicht an. Der Vater kann das Kind nicht selig machen, noch das Kind den Vater, und beide können nicht für einander antworten; sondern wer in der Sünde beharret, der wird in seinen Sünden umkommen, und wer durch Jesum Christum Gerechtigkeit wirket, der wird in der Gerechtigkeit leben: denn nur die Bereitwilligen und Gehorsamen werden das Gute des Landes essen.

O darum "irret euch nicht, denn Gott läßt "sich nicht spotten. Was alle Menschen und Völ- "ker säen, das werden sie auch von der gerechten "Hand Gottes ernten;" und dann werden die großen Vorrechte, die ihr vor den Kindern anderer Menschen geniesset, das Gewicht in der Wagschale gegen euch vermehren, wenn ihr den Weg des Herrn nicht erwählet: denn ihr habt Regel auf Regel, ein Gebot nach dem andern, und nicht nur gute Lehre, sondern auch gute Beispiele empfangen. Ja was noch mehr ist: ihr seid zu dem Hauptgrundwesen in euch selbst angewiesen und damit bekannt gemacht worden, welches andern nur noch zu unbekannt geblieben ist. Ihr wisset, daß ihr so gut und fromm seyn könnet, als ihr nur wollet, ohne zu befürchten, daß ihr um Gottes und seiner heiligen Religion willen üble Begegnung und Schläge zu erwarten habet, oder deshalb aus den Thüren gestoßen, und von Vater und Mutter verlassen werdet, wie einigen von euren Vätern beim Antritt dieses heiligen Weges wiederfahren ist.

Wenn ihr also, — nachdem ihr die Wunder, die Gott zu ihrer Errettung und Erhaltung gewirket, wie er sie durch ein Meer von Trübsalen hindurch geführt, und mit so mancherlei leiblichem und geistlichem Segen überschüttet hat, gesehen und gehöret habt, — ich sage, wenn ihr nach diesem allen ein so großes und nahes Heil verfäumen und ihm den Rükken zukehren solltet; so würdet ihr nicht nur die allerundankbarsten Kinder gegen Gott und eure Eltern seyn, sondern ihr müftet auch erwarten, daß Gott die Kinder derer, die ihn nicht kannten, herbei rufen würde, um die Krone aus euren Händen zu nehmen; und alsdann würde ein schrekliches Gericht von der Hand des Herrn euer Loos seyn. Daß aber dies nie keinem von euch wiederfahren, und der Herr ein solches Schikfal von euch abwenden möge, das ist der Wunsch meiner Sele.

Wolan denn, ihr Kinder! Laſſet eure Augen auf den Felsen eurer Väter geheftet seyn: denn es ist kein anderer Gott als er, kein anderes Licht als das seinige, keine andere Gnade als die seinige, kein anderer Geist als der seinige, wodurch ihr überzeuget, belebet, getröstet, wodurch ihr geleitet, geführet, und zum unvergänglichen Reich Gottes erhalten werden könnet; so werdet ihr die

Wahrheit nicht nur bekennen, sondern auch besizzen: weil ihr sie nicht blos in der Erziehung angenommen, sondern aus Erkenntnis und Ueberzeugung, und vermittelst einer durch die Wirkung des ewigen Geistes und der Kraft Gotts in euren Selen erzeugten Empfindung, erlangt habt. Auf diese Art werdet ihr, durch den Glauben und vermöge der Beschneidung die nicht mit Händen geschiehet, der rechte Same Abrahams, und folglich auch Erben einer den Vätern verheissenen unverwelklichen Krone werden; daß ihr — wie ich schon gesagt habe — ein Geschlecht für Gott seyn werdet, welches das Bekenntnis der heiligen Wahrheit in dem Leben und in der Kraft aufrecht erhält.

Eine leblose Form der Religion, ist in den Augen Gottes und guter Menschen ein Ekel; besonders, wenn irgend eine Form und Gestalt neu und außerordentlich ist, und mit ungewöhnlichem Ernst und Eifer nach einem gewissen Grundsaz angefangen und ausgeübt wird. Darum sag' ich, wenn ihr lau werdet, und das Bekenntnis in einer bloßen äusern Form fortsezzet, ohne daß es mit dem Salz und Geruch, wodurch es einen guten Ruf unter den Menschen erlangt hat, begleitet ist; so entsprechet ihr weder der Liebe Gottes und der Sorgfalt eurer Eltern, noch dem Zeugen der Wahrheit in euch und in andern außer eurer Gemeinschaft, die, wiewol sie selbst der Wahrheit nicht gehorsam werden wollen, dennoch sehr wohl sehen und merken können, ob ihre Bekenner es sind: denn wo die göttliche Kraft der Wahrheit nicht in der Sele empfunden wird, wo man nicht fleißig darauf harret und wartet, und nicht darin lebet, da brechen sehr bald die Unvollkommenheiten hervor, zeigen sich und die Untreue derer die in einem solchen Zustande sind offenbar, und beweisen, daß ihr Inneres mit der Natur des heiligen Prinzipiums, das sie bekennen, nicht vereinigt ist.

O darum, liebe Kinder, gebet meiner Bitte gehör! Verschließet eure Augen vor den Versuchungen und Lokkungen dieser niedrigen und vergänglichen Welt, und lasset eure Neigungen durch solche Lüste und Eikelkeiten nicht gefangen nehmen, denen eure Väter längst schon um der Wahrheit willen den Rükken zugekehret haben. Da ihr glaubet, daß es die Wahrheit wirklich ist, so nehmet sie auch in euren Herzen auf, damit ihr Kinder Gottes werdet; so daß nie von euch möge gesagt werden, was der Evangelist von den Juden seiner Zeit schreibt: daß "Christus," das wahrhaftige Licht, "in sein Eigentum gekommen sei,

"aber die Seinigen haben ihn nicht aufgenommen;
"so viele ihn aber aufnahmen, denen gab er Macht
"Gottes Kinder zu werden, die nicht aus dem
"Geblüt noch aus dem Willen des Fleisches, oder
"aus dem Willen des Menschen, sondern aus Gott
"geboren waren." Eine Stelle, die viel sagt,
und bei dieser Gelegenheit sehr anwendbar ist: denn
ihr seid genau und eigentlich jenen jüdischen Bekennern zu vergleichen, weil ihr als die Kinder
des Volks Gottes, und indem ihr die Gestalt desselben habt, auch seinen Namen führet; und so
kann man von ihm, der durch sein Licht in euch
ist, billig sagen, daß er in sein Eigentum gekommen sei. Wenn ihr seinem Licht nun nicht gehorchet, sondern euch davon abkehret, und euren eiteln Einbildungen nachwandelt, so werdet ihr zu
denen gehören, die ihn nicht aufnahmen. Ich bitte aber Gott, daß dies nie der Fall mit euch seyn
mag, und ihr euch nie ein solches Gericht zuziehen möget; sondern daß ihr vielmehr die vielen
und großen Verbindlichkeiten, die euch gegen den
Herrn für seine Liebe, und gegen eure Eltern für
ihre Sorgfalt obliegen, erkennen, und euch von
ganzem Herzen, von ganzer Sele, und aus allen
Kräften zum Herrn, zu seiner Gabe, und zu seinem Geiste in euch bekehren, seine Stimme hören
und ihr folgen möget. So werdet ihr durch die

Wahrheit und klare Ueberzeugung eurer eigenen Erfahrung, das Zeugnis eurer Väter versiegeln, und eure Kinder und Kindes Kinder werden euch als solche, die ihnen sowol ein würdiges Beispiel als auch eine getreue Nachricht von der Wahrheit Gottes hinterlassen haben, segnen, und den Herrn für euch preisen. Dann werden die grauen Haare eurer noch lebenden teuren Eltern "mit Freuden "in die Grube sinken," wann sie sehen werden, daß ihr nicht nur ihre, sondern auch der Wahrheit Nachkommen seid; und daß nicht nur ihre Natur, sondern auch ist Geist in euch fortleben wird, wenn sie diese Welt werden verlassen haben.

Ich schließe mit einer kurzen Ermahnung, die ich an diejenigen außer unserer Gemeinschaft, denen dies Buch etwa in die Hände fallen mögte, und vorzüglich an meine Landsleute richte.

Freunde! Weil ihr Adams Kinder, und meine Brüder nach dem Fleisch seid; so ist oft mein Gebet für euch mit ernstlichem Verlangen zu Gott gerichtet gewesen, daß ihr erkennen mögtet, wie euer Schöpfer auch euer Erlöser ist, der durch die Kraft und den Geist seines Sohnes Jesu Christi, den er zum Licht und Leben der Welt gegeben hat, das göttliche Ebenbild, das ihr durch die Sünde

verloren, habt, in euch wieder herstellen will. Und
O mögtet ihr doch, die ihr euch Christen nennen
lasset, in euren Herzen ihn aufnehmen! Denn
da ist der Ort, wo ihr ihn besizzen müßt. Da
steht er an der Tühr und klopfet an, damit ihr
ihn einlassen sollet; aber ihr wollt ihm nicht auf=
tuhn. Ihr seid so sehr mit andern Gästen angefüllt,
daß ebensowol iezt unter euch, als vorzeiten, eine
Krippe sein Loos ist. Dennoch macht ihr große
Ansprüche auf Religion, wie iene Juden auch tah=
ten, die ihn aber, als er unter ihnen erschien,
nicht erkennen wollten, sondern ihn vielmehr ver=
warfen und mißhandelten. Wenn ihr demnach
nicht zum Besiz und zur Erfahrung von dem, was
ihr bekennet, gelanget; so wird euch all' euer Re=
ligionsgepräng am Tage des Gerichts Gottes
nicht helfen.

Erweget, — ich bitte euch, — bei euch
selbst, und erforschet euren ewigen Zustand; unter=
suchet, worauf euer Christentum gegründet ist;
ob euer Grund etwas mehr als ein leeres Bekennt=
nis, mehr als ein historischer Glaube an das Evan=
gelium ist. — Habt ihr die Tauffe mit Feuer und
mit dem heiligen Geist erfahren? Wisset ihr was
die Wanne (oder Wurfschauffel) Christi bedeutet,
die eure Herzen von aller Spreu, von allen fleisch=

lichen Lüsten uub Begierden reinigt? Kennet ihr die Wirkung dieses göttlichen Sauerteigs des Reichs, der, wenn er angenommen wird, den ganzen Menschen nach Leib, Sele, und Geist durchsäuert? — Wenn dies nicht der Grund eures Vertrauens ist, so befindet ihr euch in einem elenden Zustande.

Ihr werdet vielleicht sagen: daß, wiewol ihr Sünder wäret, und täglich in Uebertretungen lebtet, wiewol ihr nicht so, wie ich gesagt habe, geheiliget wäret, ihr dennoch an Christum glaubtet, der den Fluch für euch getragen hätte, und in ihm wäret ihr vollkommen durch den Glauben, indem seine Gerechtigkeit euch zugerechnet würde.

Aber, meine Freunde! ich bitte euch, sehet euch vor, daß ihr euch in einer so wichtigen Sache, als die Angelegenheit eurer unsterblichen Selen ist, nicht selbst betrieget. Wenn ihr wahren Glauben an Christum habt, so wird euer Glaube euch reinigen, und er wird euch auch heiligen; denn vorzeiten war der Glaube der Heiligen ihr Sieg: durch den Glauben überwanden sie die Sünde in ihnen, und die sündlichen Menschen außer ihnen. — Wenn du in Christo bist, so wandelst du nicht nach dem Fleisch, sondern nach dem Geist, dessen

Früchte bekannt sind; ia so bist du eine neue Kreatur, neugeschaffen, und nach dem Willen und Muster Gottes neugestaltet. "Die alten Dinge "sind alsdann abgetahn, und siehe, sie sind alle "neu worden:" eine neue Liebe, ein neues Verlangen, ein neuer Wille, neue Neigungen, und neue Gebräuche. Du bist es dann nicht mehr der lebet, du ungehorsamer, fleischlicher Weltmensch; sondern Christus ists, der in dir lebt: denn Christus ist dein Leben, und Sterben dein ewiger Gewinn; weil du versichert bist, daß "dein Vergäng= "liches Unvergänglichkeit, und dein Sterbliches "Unsterblichkeit anziehen wird," und daß du eine herrliche und ewige Wohnung in den Himmeln hast, die nie veralten oder vergehen kann. — Dies Alles folgt bei denen die in Christo sind eben so natürlich, als die Hizze dem Feuer, und das Licht der Sonne.

Darum sehet euch wohl vor, wie ihr euch auf die eingebildete Meinung zu stüzzen sucht: daß ihr in Christo seid, so lange ihr euch noch in eurem alten sündlichen Zustande befindet. Denn was für eine Gemeinschaft hat das Licht mit der Finsternis, oder Christus mit Belial? Höret, was euch der geliebte Jünger sagt: "Wenn wir sagen, "daß wir Gemeinschaft mit Gott haben, und

"wandeln in der Finsterniß, so lügen wir, und
"tuhn die Wahrheit nicht." Das heißt, wenn
wir in einem sündlichen Wege fortgehen, wenn
wir Sklaven unserer fleischlichen Begierden, und
nicht zu Gott bekehret sind; so wandeln wir in
der Finsterniß, und können in einem solchen Zu=
stande unmöglich Gemeinschaft mit Gott haben.
Nur diejenigen bekleidet Christus mit seiner Ge=
rechtigkeit, die seine Gnade in ihren Herzen an=
nehmen, die sich selbst verleugnen, täglich sein
Kreuz aufnehmen, und ihm nachfolgen. Die Gerech=
tigkeit Christi heiliget die Menschen innerlich; sie macht
ihre Herzen, ihren Willen, und ihren ganzen Wandel
heilig. Und wiewol wir sie besizzen, so ist sie
dennoch die Gerechtigkeit Christi; denn sie ist nicht
unser von Natur, sondern durch Glauben und Zu=
eignung; sie ist ein Geschenk Gottes. Aber dem=
ungeachtet, und wiewol sie nicht unser ist, als
wenn sie von und durch uns entstände; — denn
in diesem Verstand ist sie die Gerechtigkeit Christi,
weil sie von ihm und durch ihn kommt, — so
ist sie dennoch unser durch den Besiz, durch die
Wirkung und durch den Genuß. Und auf diese
Art muß sie unser seyn, wenn sie uns zu Gute
kommen soll; oder die Gerechtigkeit Christi wird
uns nie etwas nüzzen. So war Er den ersten
Christen zur Weisheit, zur Heiligung, zur Ge=

rechtigkeit, und zur Erlösung gemacht; und wenn ihr ie den Trost, und — daß ich mich so aus: drükken mag — den Kern und das Mark der Religion genießen wollt, so müsset ihr sie so zu lernen und zu erlangen suchen.

Aus dem was ihr bereits gelesen habt, wer: det ihr nun, meine Freunde, leicht abnehmen können, daß Gott ein armes Volk unter euch mit dieser seligmachenden Erkenntniß und mit diesem Zeugnis besucht, und des heftigen Wiederstandes, den sie überall angetroffen haben, ungeachtet, bis auf diesen Tag erhalten und vermehret hat. O verachtet die Niedrigkeit dieser Gestalt nicht! Wir wissen, es war, und ist noch, ein Tag ge: ringer Dinge, der von den mehrsten wenig ge: achtet wird. Und man hat ihm viele verächtli: che und üble Namen beigelegt; aber er ist von Gott, und er kam von ihm, denn er leitet zu ihm.

Dies wissen wir; aber wir können es einem andern nicht begreiflich machen, es sei denn, daß er, um es zu erkennen, eben denselben Weg ein: schlage, den wir genommen haben. Die Welt schwäzt viel von Gott, aber wie handelt sie? Sie bittet um Kraft, aber sie verwirft das Mit: tel worin die Kraft enthalten ist. — Wenn ihr also Gott erkennen, ihn gebührend verehren, und ihm dienen wollt, so müßt ihr das Mittel ergreiffen das er zu diesem Endzwek verordnet und gegeben hat. Einige suchen es in Büchern, andere glauben es bei gelehrten Leuten anzutreffen; und was sie suchen, ist in ihnen selbst, (wiewol sie es nicht von sich haben,) allein sie achten nicht darauf. Die Stimme ist zu leise, der Same ist zu klein, und das Licht scheinet in die Finsternis; sie sind nicht zu Hause und können also an der Beute nicht Teil nehmen. Aber das Weib die ihr Stük Silber verloren hatte, fand es im Hause, nachdem sie ihr Licht angezündet und ihr Haus gekehret hatte. Tuht ein Gleiches, und ihr werdet dasjenige finden, was Pilatus zu kennen verlangte, nämlich Wahrheit, die Wahrheit im Innern des Gemühts, die so köstlich in Gottes Augen ist: das Licht Christi im Herzen, welches das Licht der Welt, und also auch euer Licht ist. Dieses entdekt euch die wahre Beschaffenheit eures Zustandes, und leitet alle, die darauf achten, aus der Finsternis zum wunderbaren Licht Gottes; denn bei den Gehorsamen vermehrt sich das Licht. Es ist für die Gerechten gegeben, und ihr Weg ist wie ein glänzendes Licht, das seinen Schein vermehrt, bis der völlige Tag da ist.

Deswegen, O meine Freunde, kehret euch einwärts, ia ich bitte euch, kehret euch einwärts! Wo das Gift ist, da findet ihr auch das Gegengift. Da ist es, wo ihr Christum nöhtig habt, da müßt ihr ihn auch finden; und gelobet sei der Herr, daß ihr ihn da finden könnt! "Suchet so werdet ihr finden!" ich bezeuge es euch von Gotteswegen. Aber ihr müßt auch auf die rechte Art suchen: von ganzem Herzen, als Menschen die ihr Leben suchen, ia die ihr ewiges Leben suchen; mit Fleiß, mit Demuht, mit Geduld; als solche, die weder Vergnügen noch Trost, noch Beruhigung in irgend einem Dinge finden können; wenn ihr Ihn nicht findet, den eure Selen zu kennen verlangen, und über alles lieben. O es ist eine Geburtsarbeit, eine geistliche Geburtsarbeit! Die fleischliche ruchlose Welt mag auch davon denken und sagen was sie will. Dies ist der Weg, den ihr gehen müsset, wenn ihr ie in der Stad Gottes, die einen ewigen Grund hat, anzulangen denket.

Aber ihr mögtet vielleicht fragen, was denn dieses göttliche Licht für euch tuhn wird. Erstlich stellet es euch alle eure Sünden vor Augen, entdekt den Geist dieser Welt mit allen seinen Lokspeisen und Reizungen, und zeiget, wie der

Mensch von Gott abgefallen ist, und in was für
einem elenden Zustande er sich daher befindet.
Zweitens erzeuget es in denen die daran glauben
eine lebendige Empfindung und Betrübnis über die:
sen schreklichen Fall. Dann werdet ihr Ihn
deutlich sehen, den ihr durchstochen habt; alle die
Schläge und Wunden die ihr ihm durch euren Unge:
horsam gegeben, und wie sehr ihr ihn mit eu:
ren Sünden beleidigt habt; das alles wird euch
vor Augen schweben, ihr werdet darüber weinen
und trauren, und eure Betrübnis wird eine gött:
liche Betrübnis seyn. Darnach wird es euch
drittens in eine heilige Wachsamkeit versezzen,
daß ihr euch in Acht nehmen werdet nicht wie:
der so zu handeln, und damit der Feind euch
nicht wieder überrasche. Sodann werdet ihr
sowol eure Gedanken als auch eure Worte und
Werke ins Gericht bringen, welches der Weg
der Heiligung ist, worin die Erlöseten des Herrn
wandeln. Hier werdet ihr Gott über alles, und
euren Nächsten als euch selbst lieben lernen. Auf
diesem heiligen Berge kann uns nichts schaden,
nichts verlezzen, und nichts erschrekken. Nun
werdet ihr wahre Angehörige Christi: denn ihr seid
der Natur und dem Geiste nach sein, und nicht
euer eigen. Wenn ihr nun auf diese Art Chri:
sti Eigentum geworden seid, so ist auch Christus

euer, — und eher nicht. Alsdann werdet ihr die Gemeinschaft mit dem Vater und mit dem Sohn erkennen, und die Kraft seines reinigenden Blutes erfahren, nämlich des Blutes Jesu Christi, des unbefleckten Lammes, "das bessere Dinge redet, "denn Abels Blut," und welches die Gewissen derer, die durch den lebendigen Glauben damit besprenget sind, von den todten Werken und von aller Sünde reinigt, um dem lebendigen Gott zu dienen

Zum Beschluß. Betrachtet nun das Zeugnis und die Lehre der christlichen Gesellschaft der Freunde, die man Quäker nennt. Sehet ihren Wandel, ihre Zucht und Ordnung an! Betrachtet den heiligen Mann, und die heiligen Männer, — zum wenigsten viele unter ihnen, — die zu zu diesem herrlichen Werk und Dienst von Gott ausgesandt waren! Eine ausführlichere Nachricht davon findet man in dem Tagebuch dieses Mannes Gottes, das ich der aufmerksamen Lesung meines ernsthaften Lesers aufrichtig empfehle.

Ich bitte den allmächtigen Gott, daß er das eine wie das andere mit seinem Segen begleiten, und sowol zur Ueberzeugung Vieler, denen dieser heilige Weg noch unbekannt ist, als auch zur allgemeinen Erbauung seiner Kirche überhaupt, ge=

reichen lassen wolle; der für seine mannigfaltigen und wiederholten Gnadenbezeugungen und Wohltahten, womit er an diesem Tage seiner großen Liebe sein Volk überschüttet hat, immerdar würdig ist, allen Ruhm, alle Herrlichkeit, Ehre, und Danksagung zu empfangen. Und so sei sie ihm mit Furcht und Ehrerbietung durch Ihn, in dem er Wohlgefallen hat, durch seinen geliebten Sohn, das Lamm das unser Licht und Leben ist, und mit ihm auf dem Trohne sizzet, immer und ewig zugeeignet und dargebracht. Amen!

So sagt einer, den Gott schon vor langer Zeit mit seiner väterlichen Heimsuchung begnadiget hat, und der der himmlischen Erscheinung und Berufung nicht ungehorsam war; dem der Weg der Wahrheit iezt noch lieblicher und köstlicher ist als iemals, und der ihn, — indem er weiß, wie sehr seine Schönheit und Nüzlichkeit über alle irdischen Schäzze erhaben ist, — zur vornehmsten Freude seines Herzens erwählet hat. Demnach empfiehlt er ihn deiner Liebe und Wahl; denn er ist mit großer Aufrichtigkeit,

ein Freund deiner Sele
W. Penn.